不催不吼

让孩子主动学习不拖拉

千寻麻麻（冯丹）◎著

江苏凤凰科学技术出版社
·南京·

图书在版编目（CIP）数据

不催不吼：让孩子主动学习不拖拉 / 千寻麻麻（冯丹）著 .— 南京：江苏凤凰科学技术出版社，2021.8

ISBN 978-7-5713-1810-9

Ⅰ.①不… Ⅱ.①千… Ⅲ.①学前儿童—学习方法—家庭教育 Ⅳ.① G781 ② G612

中国版本图书馆 CIP 数据核字 (2021) 第 040742 号

不催不吼：让孩子主动学习不拖拉

著　　者	千寻麻麻（冯丹）
责任编辑	李莹肖
文字编辑	汪玲娟
责任校对	仲　敏
责任监制	刘文洋
出版发行	江苏凤凰科学技术出版社
出版社地址	南京市湖南路 1 号 A 楼，邮编：210009
出版社网址	http://www.pspress.cn
印　　刷	南京海兴印务有限公司
开　　本	718 mm × 1000 mm　1/16
印　　张	15.5
字　　数	219 000
版　　次	2021 年 8 月第 1 版
印　　次	2021 年 8 月第 1 次印刷
标准书号	ISBN 978-7-5713-1810-9
定　　价	49.80 元

自序
用经济学思维与孩子斗智斗勇，其乐无穷

在我人生的前30年，我从未想过有一天自己的文字会刊印成书，我大学里学的是经济学，毕业后就一直和冷冰冰的数据打交道，做得最多的是图表和PPT。一切改变都源自女儿千寻的降临。

为满足小丫头的故事瘾，我开始了儿童文学创作。说来也怪，那些美好的构想和灵动的词语，如同埋藏多年的种子，仿佛都在等待这个契机，纷纷破土而出。

如今千寻8岁了，除了给她讲故事和陪她看绘本，我们还一起经历了早教启蒙、可怕的2岁叛逆期、幼小衔接……看她站在舞台上落落大方地演讲，看她面对困难时不服输的倔强模样，看她凭自己的努力拿到心仪小学录取通知书时的粲然一笑，我忽然意识到，那个牙牙学语的小婴儿已经长大了。回望过去，真的好不容易，幸运的是，我们的努力与坚持，最终都被时光赋予了意义。

伴随千寻的成长，我也完成了身份的转换。从理性的经济分析师到暖调的童书作家，再到亲子共读绘本超五千本的阅读推广人。

为了把自己的养育心得分享给更多父母，我在东西儿童教育平台开设了“育

儿感悟”“绘本阅读”“亲子电影”专栏，3年来，累积了上百万字的育儿文章，推荐了无数优质儿童绘本和近百部亲子电影。通过平台与几十万名读者互动，又让我收获了更多鲜活的案例，从而更清晰地了解到父母需要什么样的育儿知识。

当经历积累到一定程度，思维也在悄然发生质变。我开始尝试将自己的经济学知识与教育实践相融合，发现经济学上的很多理论亦适用于教育。

记得在中国－东盟自由贸易区成立时，我随当时一个考察团走访泰国，在那里我看到了丰饶的自然资源下孕育的壮美如画的香米稻田。当地农民对我说：“这块田可种香米，那块地只能种糯米。”

我问：“为什么？”

对方答：“天定的，一直如此，耕作方法也是几十年不变、代代相传的。”

几年后，我又来到日本长野县中泽卓三家的苹果园。主人自豪地说，他们把土壤的有机质含量提高到了6.8%，这也是当地苹果优质优价的主要原因。

日本并没有像泰国那样得天独厚的气候条件，却凭借先进的生产模式、科学的管理方式，使人均农业收入水平远远超过泰国。

教育其实也一样，大多数孩子并非天赋异禀，就像日本的农业，虽不具备丰富的先天资源，但通过后天科学的管理策略，依然可以超越很多地区。相反，仅凭天性使然，便如泰国农民的靠天吃饭，在国际市场上的竞争力也会越来越弱。

类似的比较和思考还有很多，它们开启了我对儿童教育全新的领悟，一个具有实操意义的设想也在实践中逐渐变得清晰：将经济学的理性融入“爱的教育”里，既不放任孩子的天性，也不用蛮力破坏孩子的天性，而是用策略来解决实际问题。

这7年来，我一直在践行“经济学养育法”。

经济学中的“微习惯”策略，帮千寻建立起了良好的阅读习惯；“稀缺性”策略，充分调动起了千寻主动学习的热情；“5个为什么”企业管理策略，解决了我们的家庭教育难题……这些发乎爱又不失理性的策略，让我的育儿过程轻松很多，效果也不错。

现在终于可以自信满满地说，如果你也和我一样，曾有过“读了很多育儿书，学了不少前沿理念，却依然带不好娃”的困惑，不妨试试这些经济学策略。因为它指向的就是家长几乎每天都要面对的、最真实最具体的育儿问题！

本书的内容就是我在千寻身上亲身实践的经济学策略的经验分享，希望能带给大家一些启发。

曾经看过一句话：“一本书，启迪了我们的智慧，改善了我们的人生，那么这本书就真正为我所有了。”一本好书的价值，不是作者单独完成的，而是作者和读者共同完成的。

所以，我也想告诉即将打开这本书的朋友们，请不要把它当成一本育儿指导书，而是把它当成一位普通妈妈自我学习、自我成长的历程分享，和我一起感受、思考、行动。

我们谁都不是天生就会当妈妈，但我们都可以因为孩子的到来让自己变得更好！陪伴孩子一起慢慢成长！

目录

CONTENTS

第1章 内驱萌芽：让孩子自动自发地学习

稀缺性原理：让孩子主动自觉学习 003
微习惯策略：小目标激发出大动力 008
边际递减效应：如何妙用物质奖励 012
罗森塔尔效应：对孩子进行积极期望 016
三个同心圆理论：鼓励孩子走出“舒适区” 020

第2章 抓住孩子的五个成长敏感期

执拗敏感期：你的孩子喜欢说“不”吗 027
正确认识孩子的秩序敏感期 032
原来孩子还有个撒谎敏感期 036
社交敏感期：孩子不同阶段的社交特点 041
阅读敏感期：让孩子的大脑活跃起来 044

第3章 从幼儿园快乐过渡到小学

不想去幼儿园是个正常事儿 051

用“替代奖励法”帮助孩子轻松度过入园第一周 055

学龄前是培养孩子习惯的最佳时期 059

选择兴趣班，不要完全以孩子的兴趣为标准 064

孩子上兴趣班半途而废怎么办 068

机会成本：破解“幼小衔接”的焦虑 072

孩子一上小学，家长就没好日子过吗 080

“陪娃做作业狂躁症”背后的真相 084

越催越慢？是因为孩子不懂机会成本 087

第4章 提升学习效率的六大技能

时间管理法则：搞定做作业磨蹭、拖沓的孩子 093

提升专注力：从脑科学角度，揭示专注力的秘密 096

记忆力训练：给孩子适度压力 102

学会精读：用“CROWD 提问原则”开启孩子的阅读模式 107

淘金式学习法：学会提问比知道答案更重要 112

参与式学习法：让孩子数学开窍的小练习 117

第5章 成长型思维：打造孩子的未来竞争力

比“虎妈”“猫爸”更靠谱的是“海豚型”家长 123

犹太家庭的“海沃塔”聊天模式 128

成长型思维：挑战意味着“我还有成长空间” 134

阈值管理：让孩子学会“吃苦” 139

自我决定论：养出内驱力强的“自推娃” 144

5 Why 分析法：建立多元思维模型 148

第6章 游戏化思维：会玩的孩子更有创造力

游戏化思维，让孩子学习成瘾 155

欠孩子的自然课该补上啦 160

如何开发孩子的艺术潜能 164

体育运动，带来强壮体魄和拼搏精神 169

创造力：每个家长都能掌握的“项目思维” 173

第7章 “用力”管孩子不如让孩子自我管理

自控力比智商更重要 179

报复性惩罚，会把孩子越管越坏 184

轻松用规则打造有教养的娃 190

怎么说，孩子才肯听 197

第8章 财商教育：孩子受用终身的财富

挖出最适合孩子的第一桶金 203

孩子的压岁钱：“花”比“攒”更重要 207

“免费试吃”营销：培养孩子的财商 211

巧妙利用孩子的“企图心” 215

一场游戏让孩子学会“赚钱之道” 219

孩子喜欢竞争，尽力去赢有错吗 223

附录：千寻麻麻精选绘本推荐（50 本） 227

第1章

内驱萌芽：让孩子自动自发地学习

稀缺性原理：让孩子主动自觉学习

有一次，我和一位经济学专业出身、现在做投资银行业务的朋友聊教育。这位家有6岁儿子的精英妈妈，给我讲了一个另辟蹊径的好方法，可以推动孩子积极主动地做事情。

她说："儿子5岁时，我希望他开始承担一些家务活。这个想法很不容易实现，有经验的爸妈都知道，一开始孩子有动力，是因为他们把洗碗、拖地当作好玩的游戏，但玩着玩着就没兴趣了。怎样才能持久呢？我想了一个办法，把做家务设置成需要争取的VIP权利。有时我们会玩桌游，赢的人有机会成为清洁项目经理。项目经理要负责分工，还要对团队伙伴（爸爸妈妈和爷爷奶奶）的工作进行考评。这个方法效果很棒，儿子现在是我们家的家务小能手，长期担任家务项目领导职位，哈哈。**其实方法也很简单，就是经济学上常讲的"稀缺性"，我把做家务这个原本没什么吸引力的事变成了需要争取的稀缺资源，充分调动了儿子的积极性！**"

把家务和学习变成稀缺资源

我听后忍不住和她击掌，我也经常用这招，被她这么一说，才发现其中还暗含了这么一个经济学原理。

记得千寻2岁多的时候，一个人坐在儿童餐椅里吃饭总是不认真，吃得不多，我就干脆让她和大人坐在一起吃饭。想让她多吃的菜，我会故意弄得少少的，再和先生一起联袂出演，做出我们都很想吃的样子。然后一喊“开动”，她就会抢着吃，生怕被爸爸妈妈占了先。

后来我将这招做了延展，用到让孩子主动学习上面，效果也很好。

千寻3岁时，我开始培养她的阅读习惯。按照一般思维，我应该每天放学后就带她回家，给她讲绘本，以养成规律。但我知道，如果我真的这么做，她很快就会对每天都要阅读这件事产生厌烦情绪。

所以，我的做法是把亲子阅读时间变成一个需要争取的稀缺资源。

例如，我会故意对千寻说：“今天爸爸妈妈工作特别累，实在没有精力给你讲故事了，要不咱们今天的阅读时间暂时取消？”

她会很不满地质问：“那我什么时候才能听故事？”

我故作犹豫地回答：“嗯，看你表现吧，要是你能自己的事情自己做，比如自己刷牙洗脸呀，爸爸妈妈忙完休息一会儿，就可以继续给你讲故事啦。”

为了争取到听故事的权利，这位小朋友还真是动力十足地做了不少事儿。或许是努力争取来的权利特别珍贵，她每次听故事都很认真，有时若能拽着爸爸多讲一个故事，开心得就像占了很大便宜似的。

慢慢地，千寻为自己争取到的阅读时间越来越多，后来，对阅读的真爱不知不觉代替了对稀缺性资源的追求，我也顺利达成了帮她建立阅读习惯的目的。

除了阅读，在App上的学习上，不论是英文学习还是识字游戏，我都会有意识地在时间安排上留出空档期，让它们成为需要争取的项目。

除了通过时间安排制造稀缺性，有时我也会利用和其他小朋友的比较制造稀缺性。如果我想让千寻练习写字母，我会告诉她：“字母书可不是每个小朋友都能玩的，你看其他小朋友都在看绘本（当然，真相是当时绘本馆的桌面上只有一本字母书）。”每次都能如愿。

“水与钻石”的价值悖论：人为制造稀缺性

“稀缺性原理”之所以好用，是因为它遵循了人性，只要你是个正常人，就会对自己认为稀缺的东西产生莫大动力。孩子也一样，那些得不到或者难得到的东西，对他们来说更具吸引力。

想把这个原理用在教育上，方法并不难，就是人为制造稀缺性，欲扬先抑。越想让孩子做什么事，越要把握好节奏、力度，不能急于求成，先尽力把这件事变成孩子眼里不容易得到、稀缺的东西。

大家都听过“水与钻石”悖论，水对我们的生命来说非常重要，人不可一天无水，而一辈子没有钻石也可以活得很好。但是，水很便宜，钻石却很贵，为什么呢？这就是稀缺性导致的。

不过，钻石真的很稀缺吗？不是的。钻石刚开始很稀有，但后来随着南非钻石矿的开采，再加上博茨瓦纳、俄罗斯等地纷纷发现大量优质的钻石矿，钻石资源已经很充足。其实是钻石商严格控制节奏，将囤积的钻石一点点投放市场，才保证了钻石的价值，这便是人为制造稀缺性带来的效果。

人为制造稀缺性，就像现代商业中的饥饿营销。

假设我们把孩子比作用户，把想要孩子做的事比作产品（比如学习）。刚开始用户对产品的兴趣度一般，如果你强求他购买，他可能会直接走人，但如果你有意制造出供不应求的状态，用户反而会产生强烈的购买欲。

同理，当你希望孩子主动学习的时候，与其成天督促他去学，不如致力于让学习成为他眼里的稀缺品。至于如何让学习成为稀缺品，就需要大家发挥创造力，见仁见智了，你可以和我一样在时间安排上制造稀缺性，或者跟其他小朋友做比较来制造稀缺性。

一些家长认为，这招很难用在大孩子身上，毕竟他们可不像低龄段的小朋友那么好蒙骗。我想说，针对不同年龄段的孩子要运用不同的对待方法，重要的是掌握这种教育思路。

大家有没有发现，教育上的很多问题，恰恰源于对“稀缺性原理”的忽视？在这一点上，大孩子的家长其实更严重。

我身边就有不少现成的例子。家长越用力把孩子往自己期望的方向推，孩子越想反着来。最后，家长觉得很委屈，自己付出了那么多，孩子回家后什么家务都不让做，只要他认真学习就好，再贵的补习班也不手软，每天风雨无阻地接送，结果孩子却厌学了。根本原因就是家长把学习做成了每天必吃的菜，完全没有稀缺性，孩子爱吃才怪呢。

我们做家长的，都希望自己孩子得到很好的教育，但我们也要注意到，但凡有所期望，就多少会带有一些强制性的味道，这种强制性是容易引发孩子抵触情绪的。

“稀缺性”策略的应用，就是通过对资源的调剂，来减弱教育目的中那股强制性的味道，让孩子在我们期望的方向上，走得顺利，走得愉悦！

助推理论：温和的“专制主义”

说到这儿，我想提一个小小的建议：重视孩子教育的家长，都应该学学理查德·塞勒的行为经济学。理查德·塞勒是2017年诺贝尔经济学奖得主，他提出了一个“助推”理论，对我有很大启发。

这个理论提倡领导者要使用温和的“专制主义”。什么叫温和的“专制主义”？就是领导者的目标可以很明确，但实现目标的方法一定要灵活，甚至有时看起来方法和目标是相反的，制造稀缺性、制造诱惑，欲扬先抑，这样往往能更好地达成目标。领导者的管理思维不是Making Things（把事情做出来），而是Making Things Happen（让事情自然地发生）。

从某个角度来说，家长在孩子成年之前，扮演的就是“领导者”的角色，领导者有美好的期望，有自己的教养目标，这是对的。但我们不能简单地直奔主题，一方面要清楚地知道希望孩子成为什么样的人，另一方面也要尊重孩子作为一个正常人的人性。

也就是说，一方面你要给出方向，也就是希望达到什么教养目标；但另一方面还得灵活运用一些技巧，让各种要素在过程中慢慢发酵，促使孩子自然地、主动地去创造属于他自己的未来！

微习惯策略：小目标激发出大动力

朋友有个5岁的儿子，这孩子比较好动，不喜欢安静地看书。孩子就快升入幼小衔接班了，还没养成良好的阅读习惯，孩子妈妈有点焦虑，担心孩子上了小学，会因为阅读量太少而拖后腿。

为了改变现状，朋友真的很用心，她每天都坚持带孩子到绘本馆看书，还给孩子制定了一个看起来很不错的目标：一周读完10本绘本。平均下来，每天晚上也就2本左右，不算多。可结果却不尽如人意，孩子就算到了绘本馆，也是坐立不安，根本看不进书。朋友很沮丧，甚至怀疑孩子是不是有专注力差、多动症之类的问题。

我劝她先别急着给孩子贴标签，可以尝试一个小小的策略。

我建议她将之前的目标改成：每天在绘本馆待5分钟。

孩子听到这个目标，眼睛都发亮了，问："真的吗？真的只要在绘本馆坐5分钟，就可以玩了吗？"得到肯定的答复后，他非常开心地认可了这个目标。

第二天，孩子破天荒地没有被妈妈硬拽着过来绘本馆，而是主动要求来。之后，他找了个小凳子坐下，开始认真看书。5分钟到了，我提醒他，他还很惊讶："5分钟这么快啊？"

第三天，5分钟到了，他提出要再看一会儿。又过了5分钟，我说："今天你很棒哦，足足看了15分钟书，超额完成目标！我得奖励你一颗小星星。"然后，我给了他一张星星贴纸，孩子显得特别高兴，特别有成就感。

就这样，这孩子每天都能来绘本馆坐一小会儿了，有时5分钟，有时10分钟，最长的一次竟然有半小时！我觉得，对于一个完全没有阅读习惯的孩子来说，这已经很了不起。重点是，不论长短，在这段时间里，孩子都能静下心来看书听故事了。真是一个良好的开端，相信只要坚持下去，慢慢就能养成习惯。

为什么仅仅改变一个目标，效果的差异就那么大呢？

这就是"微习惯策略"的独到之处了。

微习惯策略常被应用于经济学上的效能管理，这个策略来自斯蒂芬·盖斯的自我管理法则。

斯蒂芬·盖斯曾经是一个懒癌患者，为了改变这个毛病，他开始研究各种习惯养成策略。从2011年起，斯蒂芬运营自己的博客Deep Existence，他用自己的亲身经验给大家讲述了一个简单到不可能失败的习惯养成法。

斯蒂芬知道，为了身体健康，自己应该养成每天运动的习惯，可是，一想到每天要做那么多俯卧撑，还要坚持那么久地跑步，心就很累……然后，他忽然想到一个完全相反的做法：1天只做1个俯卧撑。

斯蒂芬刚开始对自己的想法嗤之以鼻，于是继续咬牙坚持常规的高强度运动，在无数次高强度运动计划失败后，他终于决定尝试这个荒谬的"1天1个俯卧撑"计划。没想到，"1天1个俯卧撑"从此改变了他的身材！他做了1个俯卧撑，完成了目标，然后又做了14个，超额完成目标，然后他又设定了一个新目标：1天只做1个引体向上……伴随无数个微小的目标，他终于每天都坚持运动了！

斯蒂芬将自己的经验总结为：Think amall，no，even amsller than what you just thought（想得小一些，不，比你刚刚想到的再小一点儿）.

俗话说，万事开头难。**"微习惯策略"就是用小得不能再小的目标，比如，做1个俯卧撑，早起1分钟或者读5分钟书……先诱人走出舒适区，再慢慢**

养成习惯。

是不是看起来很可笑？其实一点儿都不可笑，它背后的科学逻辑比我们想象的更严谨。

人的动力和意志力存在反向关系，当我们消耗意志力越高，动力就会相应降低。一个大目标，会给人需要消耗极大意志力的暗示，这个暗示会导致动力迅速消失，这便是很多“习惯”还没养成就胎死腹中的原因。

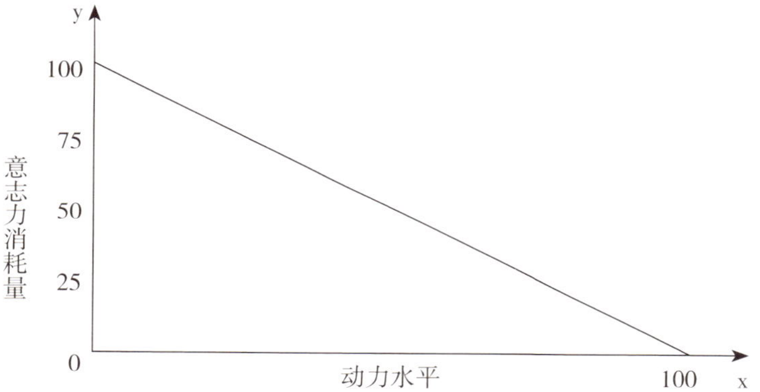

说明：x轴是动力水平，y轴是意志力消耗量。当动力处于巅峰值时（右下角），意志力消耗量为0或可忽略不计。这是因为你无须强迫自己做你本来就愿意做的事。可是当动力降为0时，强烈的内心抵触意味着意志力消耗量会变得很高（左上角，意志力消耗量为100，动力为0）。

微习惯恰恰能帮助人跳出这个思维困境。你能做好1个俯卧撑吗？如果能，你就能管理好自己的身材。你能做到读5分钟书吗？如果能，你就能建立起阅读习惯。

微习惯里的目标小到不可能失败，正因如此，才不会给人意志力方面的负担，让人动力十足。

回到之前我朋友的例子。看起来，她只是改动了一下目标，实质上是用微习惯策略激发孩子跨出了主动的第一步，而这一步，恰恰是建立阅读习惯的关键。

其实，不仅是阅读习惯，其他习惯也一样。

否则，愿景再美好，若只停留在愿景阶段，也是毫无意义的。

大家可以举一反三地使用这个策略。比如，当你希望孩子能够早起，不要对他说："明天，我们早点起床，一定不能迟到！"因为对孩子来说，"一定不能迟到"这个需要仰望的目标听起来就让人气馁。还不如提议："明天，你可以提前1分钟起床吗？"孩子一定会欣然接受。

总而言之，一开始别把目标定得太高。

不过，需要多说一句，微习惯策略适用于习惯培养的初期，主要目的是通过小目标对大脑的"欺骗性"，来激发孩子的动力，迈出第一步。如果孩子的习惯已经养成，则需要逐渐增加难度，如果这时候还保持原来的小目标恐怕就不太合适了。

边际递减效应：如何妙用物质奖励

说到物质奖励，很多家长都有一种“好用但不敢用”的纠结感。

物质奖励的效果之显著，我们心知肚明。想让孩子做点事，比如整理好自己的玩具、按时起床什么的，讲一箩筐道理，孩子依然置若罔闻，但只要做出承诺“如果你……我就给你买你最想要的……”，孩子的积极性立马爆棚。

你看，就是这么好用！但很多时候我们都不敢用或者不敢经常用。毕竟整理玩具、好好学习、按时睡觉起床这些事，本来就是孩子自己的事，物质奖励会不会让他们把原本有责任做好的事视为交易？孩子宝贵的内驱力，会不会被几个玩具毁掉？而且，物质奖励怎么看都像是自己给自己挖的坑。

我一个朋友觉得儿子成绩不上不下，就决心给他来点儿物质激励：“如果你期末考试能进班级前十名，妈妈就给你买你最想要的自行车！”

孩子听了两眼放光，期末考试果然冲进前十，朋友也兑现了承诺。

就这样，为了让儿子继续维持好成绩，朋友又陆陆续续付出了Xbox游戏机、iPad、无人机……现在，她增资乏力，撤资又怕孩子成绩下滑，左右为难，悔不当初。

大家可能以为，我是来批判物质奖励这种做法的。恰恰相反，我是物质奖励的支持者。这个经济学中公认有效的激励手段，常常被我用来调动孩子的主动性。

物质奖励会破坏孩子的内驱力吗

我想为千寻录制讲故事的音频，以帮助她提升语言表达能力。刚开始，千寻根本就不愿意配合录音。因为录音和平时讲故事不同，对语言的连贯性和逻辑性有要求，也不能一边讲故事一边吃小零食，平日里自由惯了的她表示压力太大，拒绝承接此项工作。

但当我告诉她，录10次就可以换一套炫彩蜡笔套装时，她愣是克服了种种心理障碍，迎难而上，圆满完成了任务，正所谓“重赏之下，必有勇夫”。

除了讲故事录音，很多事情上我也都用过物质奖励法。比如千寻第一次整理玩具，是为了一套乐高积木；第一周坚持做家务，是为了积满星星换桌游……

有人问我，你不怕物质奖励破坏孩子的内驱力吗？

实际上，没有人天生就对某件事物具有内驱力。

产生内驱力的顺序是：做一件事 > 获得认可 > 拥有价值感 > 产生内驱力。

也就是说，孩子只有开始去做一件事，才可能在做的过程中获得成就感，认识到这件事对于自己的价值，然后才会产生所谓的内驱力。

物质奖励能够有效促进孩子去做某件事，不必担心会不会破坏内驱力，因为这时候，孩子的内驱力还没产生呢！

大家回过头去看也会发现，我前面提到的物质奖励，全都用在促使千寻做某件事的入门阶段，比如第一次讲故事录音、第一次整理玩具以及第一周做家务。用一句话总结：**在促使孩子做某件事的入门阶段，使用物质奖励是没有问题的，它的效果比讲道理好100倍，而且不会破坏孩子的内驱力。**

如何用好“边际递减效应”来激发孩子的内驱力

物质奖励的最大特点就是“简单好用”，它可以很容易调动孩子的积极性。但是，久而久之，孩子会不自觉地将重心放在奖励的物质层面，若不恰当地引导，会导致孩子过于追求奖励的物质，忽视奖励背后的目的，陷入功利主义的误区。其实，物质奖励策略本没有错，真正的问题出在“边际效应递减”上。

这是经济学上的一个规律——边际递减效应，指的是在一定时期内，如果一个人连续获得某类物品，那么随着他拥有物品的数量的增多，他获得的愉悦感就会越来越少。

就像德国经济学家格森说的那样：“同一享乐不断重复，则其带来的享受会逐渐递减。”

物质奖励在初期效果非常明显，但随着孩子的期待阈值不断升高，激励的效果会因为“审美疲劳”而变得越来越差。这时候，激励与表现之间就会呈现出一种“倒U形关系”。就会像我那个朋友一样，只能通过不断地付出，满足孩子越来越大的胃口，最后还达不到想要的效果。

为了避免出现边际效应递减导致的倒U形关系，在给千寻物质奖励的初期，我就做好了奖励切换的准备。

如何切换呢？就是**由物质奖励切换到精神嘉奖上去**。

每次录完音，我会有意识地当着她的面重放一遍，一边听一边跟先生讨论：“你有没有发现，千寻讲得越来越好，都快超过你了，她的表达很有想象力，这种天马行空的想象力比大人那种刻意地发挥自然很多呢……”

一旁的小丫头虽然没说话，嘴角却抿着笑，我知道，她心里偷着乐呢。

后来，当千寻和几个小伙伴聚在一起玩的时候，我又给她的小伙伴们听了故事录音，她那个得意啊，都快溢出来了。

当得到的认可越来越多，感受到对其他人的影响力后，故事录音对她来说就不再是蜡笔套装的等价物，而是一件有价值、有意义、值得去努力的事！

试卷实验：孩子渴望得到别人的认同

下面我要讲一个有趣的实验，相信大家看完会有所启发。

麻省理工学院行为经济学家丹・艾瑞里（Dan Ariely）在他的著作《怪诞行为学2》中，为了证明意义、价值能够成为影响人们努力程度的主要动力，做过一个“试卷实验”。

他将学生分为三组做试卷，第一组叫“关注认可组”，交试卷时能得到认可；第二组叫“不理不睬组”，收卷人连看都不会看他们一下；第三组叫“粉碎试卷组”，收卷人不但不看他们，还将学生交上来的试卷直接丢进身旁的碎纸机里。几个回合下来，人们发现“关注认可组”的成绩最好，回答试卷的数量比“粉碎试卷组”多得多。

我和几个教育工作者模仿这个实验，在小朋友中做了一个类似的小测试。

我们将10个年龄在4～6岁的小朋友分为两组，让他们一起画画。A组的小朋友画完后可以领到两个小玩具，但交给我们的画会当面被碎纸机碎掉。B组小朋友画完后只能领到一个小玩具，不过，他们的画会得到大家的称赞，并被送去展览。

我们观察到，领到玩具更多的A组小朋友的情绪，明显不如B组小朋友好，过了一会儿，甚至有两个A组的小朋友强烈要求加入B组。

很有意思吧？孩子们宁愿放弃一些现实的奖品，来换取别人的认可。

这个实验向我们证明，孩子虽然都喜欢物质的奖励，却仍有强烈的精神追求，甚至，他们对意义和价值的看重远远超出了我们的想象。

所以，在孩子做事时，要给他们提供表现的契机，表扬他们，赏识他们，让他们觉得这是一件乐在其中、能表现自我的事，这种意义感可以慢慢替代物质奖励，给孩子带来更长久的驱动力。

罗森塔尔效应：对孩子进行积极期望

端午节，我到一个朋友家玩，看她陪孩子做作业。从幼儿园中班开始，老师一般会布置一些家庭作业，作业不难，目的是让孩子建立做作业的概念，这样上小学以后就比较容易适应。

朋友家孩子的端午节作业是学习一首和端午节习俗相关的儿歌，做一艘龙舟模型。儿歌只有几句话，孩子觉得蛮简单，还算配合。到了做手工环节，朋友和孩子一起完成了船身的剪裁，接下来需要孩子自己给船身画上龙的鳞片。画着画着，孩子不耐烦了，鳞片越画越潦草。

朋友有点生气："你确认你要把这样的作业交到学校去？"孩子瞟了一眼乱七八糟的龙舟模型，知道自己做得不好，还是无所谓地顶了一句："有的小朋友说不定做都没有做呢。"

朋友很生气又很无奈地跟我吐槽："我们家小孩就是有这个问题，对自己要求低，做什么事都不想尽力，你批评他不用心的时候，他就拿更差的人来比，好像只要有人垫底就行。"

我很理解朋友的怒火，还记得千寻刚开始学画画的时候，也常常画着画着就乱涂，或者设计图案的时候还算有耐心，但是填色的时候就开始"放飞自我"。看她早期的作品，我也生气，和大部分家长的想法一样，我并不是非要孩子把事情做得多好，只是看不惯她无所谓、不用心、不尽力的态度。

可我转念一想，这个年龄的孩子本来就很难有什么内驱力啊。首先，孩子不太理解为什么要做这件事，比如为什么要做作业。你准备了一箩筐道理，听起来都很合理又有远见，但孩子在这个阶段，都是用蜥蜴脑（大脑中掌管与理性思考无关的部分）思考问题的，不见得能理解。当孩子不知道为什么去做一件事情时，就很难尽力去做。

于是，难点出来了：如何避开简单粗暴的竞争压力，用更好的方式调动孩子的内驱力呢？

给孩子一个"你可以做到"的人设

有一个方法，我实践之后觉得效果不错，那就是给予孩子足够的信任，给孩子一个"你可以做到"的积极人设。

你可以把孩子想象成一个初出道的小明星，而你就是孩子的经纪人。这位小明星，对自己能力的认知是模糊的，不知道哪些事能做好，以及好到什么程度。再加上刚出道，心里多少有点虚，畏难情绪比较重。认知模糊加上心虚，呈现出来的状态就是我们看到的：不用心、不尽力，做事情马马虎虎、敷衍了事。

作为父母，我们要做的，不外乎是明确孩子的认知，肯定孩子的能力，给孩子吃颗定心丸。明确地告诉孩子，你的人设是什么，你可以做到什么。然后，孩子就会安心朝这个方向去努力。

然而，我朋友的做法是斥责："看看你自己做的，你要把这样的作业交到学校去吗？"这种带着强烈否定味道的话语，只会让孩子更不想做好，从而导致破罐子破摔。

让我们试着换一种方法，给予孩子足够的信任感，直接把他放到你所期许的那个位置上去："不是吧，在妈妈眼里，你可是个很有耐心的小朋友，这些潦草的鳞片一点儿都不像你的水平！"

孩子可能不会马上做出改变，或许撇撇嘴对你的话不置可否，但其实是听进去了的（对认可自己、肯定自己的话，人总是特别容易听进去）。父母不必急于一时，多试几次，孩子就会出现变化。

千寻刚学画画时，填色很糟糕，一看就没用心，我会一脸遗憾地说："这个设计真是太酷了，要很有想象力的小朋友才能做到。可惜就是填色太毛躁了，可惜了，可惜了，这个小朋友明明可以做到的……"

刚开始，她看起来也没什么明显变化。慢慢地，随着我多次反复强调她可以，她会在心里默认这个人设，自我认知高了，对自己的要求也会变高。

现在，千寻画画和做手工都尽力了许多。有一次，她用橡皮泥做一条项链，下课时间到了，但她对自己的作品还不满意，认为自己可以做得更好，坚持要返工。最后大家都走了，她才终于完成自己满意的作品。说实话，我很欣慰，因为她对自己有要求了，是自己对自己的要求，不是外界对她的要求，这才是我想要达到的教育效果！

每个孩子都需要一个冠军

教育学上有一个著名案例，叫"罗森塔尔效应"。

罗森塔尔是哈佛大学的心理学教授，他和助手到一所小学，从一年级至六年级所有班中选了18个班，宣称要对班里的学生进行"未来发展趋势测验"。之后，罗森塔尔以赞赏的口吻将一份占总人数20%的"最有发展前途者"的名单交给了校长和老师。

8个月后，他们再次来到这所小学，对那18个班的学生进行复试，奇迹出现了，凡是上了名单的学生，个个成绩都有了很大进步，且活泼开朗、自信心强、求知欲旺盛。

其实，那份"最有发展前途者"的名单只是罗森塔尔随机挑选的，不过这个谎言对老师产生了心理暗示，在这8个月里，老师又通过语言和行为把暗示传递给了学生，学生才取得了异乎寻常的进步！

人们就把这种因他人的期望使行为发生与期望趋于一致的变化的情况，称为“罗森塔尔效应”。“罗森塔尔效应”后来也被广泛应用于经济学的行为管理领域，管理者认为，它能够很好地激发人的积极性。

不知道大家看过教育家丽塔·皮尔逊（Rita Pierson）的TED演讲没有，她在《每个孩子都需要一个冠军》的演讲里，提到了一段经历，便是对“罗森塔尔效应”的运用。

丽塔·皮尔逊曾教过一个最差的班级，这个班学生的学术素养差到她想哭，她的方法是，告诉这些孩子：“你们进了我的班级，因为我是最好的老师，而你们是最好的学生，他们把我们放在一起是为了给其他人做个好榜样。”

有学生问：“真的吗？”

丽塔·皮尔逊说：“当然是真的。我们要给其他班级做个榜样，当我们走在楼道里，因为大家都会注意到我们，我们不能吵闹，但我们要昂首阔步。”

她给了这些孩子一个人设：“我是个‘人物’。我来的时候是个‘人物’，我毕业的时候会变成一个更好的‘人物’。我很有力、很强大，我值得在这里受教育。”

结果呢？9个月后，这些被称为“人物”的孩子们发生了翻天覆地的变化，他们真的越来越像一个个优秀的人物！

给孩子一个“你可以做到”的积极人设，久而久之，你就会发现，孩子真的做到了！就像丽塔·皮尔逊在演讲里说的那样：“如果你长时间这么说，它就会开始变成事实！”

三个同心圆理论：鼓励孩子走出“舒适区”

法国作家露荷·蒙路布写了一本书，名叫《西红柿女孩》。

什么是“西红柿女孩”？西红柿女孩就是那种当众讲话就害羞，心里扑通乱跳，脸红得像西红柿一样的女孩。

什么是“西红柿特质”？答案是：不够自信。

我曾经也是个“西红柿女孩”。是的，我对自己没有信心。还没上台时，我幻想的不是侃侃而谈，然后全场响起雷鸣般的掌声。我幻想的是：忘词了怎么办？别人会不会笑我？上台时我的高跟鞋会不会绊倒自己，那就太尴尬了！衣服得体吗？会不会太花哨……

瞧，不自信的人就是这样，总喜欢预想自己最糟的情形，不断质疑，于是很多事还没开始就已放弃。

有一天，我和小米妈妈一起去看她女儿表演钢琴。这可不是一般的表演，这是全国性的钢琴比赛，台下坐着几千名观众，还有随时准备挑刺的评委。

小姑娘弹的是肖邦的《小狗圆舞曲》。这曲子我小时候也练过，降号多、速度快，容易弹错，我正这么想着，就听到她连续弹错了两个音。我心里“咯噔”一下，想：“这姑娘完蛋了。这么明显的错误，得被耳尖的评委扣大分啦。换成我，这会儿肯定风中凌乱了，接下来的调子只会越来越乱。”

没想到，小姑娘只停顿了1秒，就恢复了正常状态，还颇有创意地处理了错误的地方，不但与接下来的音符完美衔接，还弹出了俏皮的味儿。

一曲终了，小米面带微笑谢幕。她应该很清楚自己会被扣分，可这好像并不影响她的状态，她还是那么自信从容。观众们甚至站起来为她鼓掌，我想，虽然她的演奏是不完美的，但她自信的魅力显然已经征服了大家。

“小米妈妈，你女儿怎么这么自信？是天生的吗？”我忍不住问。

小米妈妈摇头：“哪有，当年她也是个胆怯畏难、不自信的妞儿。后来，我做了几件事，丫头发生了一些变化。我才发现，原来人是可以从不自信变成自信的。”

我接着问：“真的？做了什么事？效果那么神奇。我平时也看了不少讲如何培养孩子自信心的书，感觉好像也没什么用嘛。”

小米妈妈说：“拜托，懂了很多道理不见得过得好一生，教育也一样，关键靠实操方法。”

接下来，我们就来看看，小米妈妈到底做了什么，让女儿从不自信变得自信。

“我就是那个踹孩子一脚的妈妈”

先讲个笑话：一次游泳比赛结束，人们正准备为冠军欢呼鼓掌时，突然发现这位冠军没穿泳衣，他一手撸掉脸上的水，气急败坏地喊道，“谁？是谁把我给踹到水里去的？”原来，他并非参赛选手，而是被人故意踹进水里的，没想到，求生心切的他拼命游啊游，倒成了第一个游到终点的人。

我女儿学钢琴的历程就好似这个笑话。最初，报兴趣班时，我把选择权交给她，告诉她：“你可以选一个你最感兴趣的学习。”她的回答却是：“我选什么呢？画画？我连线条都描不直，应该不行吧。钢琴？听说学钢琴很苦的，每天要练习很长时间，我能坚持下来吗？”

总之，到最后，畏难的她觉得选什么都不合适，都有可能败下阵来。

其实，我知道她是喜欢钢琴的。我还记得：第一次去逛琴行，她欣喜地抚摸琴键的样子；第一次去听钢琴演奏会，她特别专注的样子……

刚开始，我以为女儿是个例，她的胆怯和退缩让我头疼。后来，我发现她其实是一类孩子的代表。这类孩子，宁愿站在泳池边观望也绝不尝试，但若是有人在背后踹他一脚而跌入水中，他先是会大哭几声，渐渐就能挣扎着浮上水面，继而手脚并用地游起来，最后甚至开始乐在其中。可若是没有这一脚，他也许会永远做一个观望者。

我在杜克大学自修经济学时，曾听过美国密歇根大学商学院教授诺埃尔·蒂希（Noel Tichy）用“三个同心圆理论”来阐述我们的行动状况。

最中心的区域叫“舒适区”，表示已经掌握技能的部分。

距离“舒适区”最近的一环，叫“学习区”，表示距离你现有能力远一点的新技能部分。

最远的外环，叫“恐慌区”，表示你短时间内无法掌握的陌生技能部分。

人都是喜欢待在“舒适区”的，但一直待在“舒适区”，就永远不可能获得成长。我们没必要一下子踏入“恐慌区”，但从“舒适区”到“学习区”，这一步是完全可行的。面对龟缩进“舒适区”的孩子，父母要有推他勇敢踏入“学习区”的决心。

于是，我做了一个决定，那就是擅自做主，给女儿报了钢琴班。去学校那天，女儿还试图退缩：“妈妈，我们要不要再等等，我……我还没想好。”我装作无奈地耸耸肩：“没办法，妈妈都已经交钱啦！不去也得去了。”

她被迫放下了畏难情绪，硬着头皮去迎接挑战。后来，当我看见她获得成就感时的高兴样子，我就觉得自己的选择没有错。很少有孩子天生自信，相反，孩子的天性是既好奇又畏惧，哪怕他们已具备了迈出第一步的能力，也可能因为心理上的退缩而放弃。这时候，我愿意做那个“踹她一脚的妈”。

“我就是那个狠心的妈妈”

女儿未雨绸缪时的担心是对的，学钢琴就是一门苦差事。

让优美动人的音乐从指尖流淌出来的愿望是美好的，而要达成愿望的过程却是极其艰辛的，没有任何捷径可走，只有长期重复一个技巧或一首曲子，靠时间慢慢沉淀出成果。

最难的是当孩子反复练习一首曲子上百遍却仍不得要领时，当对自己弹出的不合谐音符极不满意时，常常会想放弃。这时候，我不得不变成一个狠心的妈妈，拦住想退缩的女儿，陪她坚持下去。看见她一边弹琴一边流眼泪，我也很心疼。可我知道，这就像爬山一样，要想看见最美的风景，就要经过最艰难最枯燥的路程。只要坚持下来，当孩子站在山顶欣赏绚烂的霞光时，他的心中就会充满信心。

因为，一个孩子竭尽全力做成一件事，这份沉淀下来的能力会变成满满的底气，在他心里，任何难事都将不是问题，只要肯努力，终究是能解决的。这样的孩子能不自信吗？

“我就是那个不要面子的妈妈”

看见我一脚将女儿踹进钢琴的大门中，一路陪着她坚持下去，你一定会觉得我很在乎她能否取得很好的成绩吧？其实不然。面对成绩，我却是个“不要面子的妈妈”。

为了参加一个比赛，女儿将一首曲子练习了很久。比赛分为初赛和复赛，女儿在初赛发挥出了正常水平，却连复赛资格也没得到。回家路上，一直沉默的女儿忽然低声说了一句：“妈妈，我可能真的弹不好。”

“但你已经很努力了，每天都认真练习，今天你也发挥出正常水平了。”

“可评委觉得不好……”

“评委没有觉得你不好啊，他们可能只是觉得别的小朋友弹得更好，而你弹得也不错哦。”

“可是，我连复赛也没进……好丢人。”

“比赛的意义不是名次，比赛是为了让你经历成功，也经历失败，经历过了你就会明白，没什么大不了的。以后，如果你的朋友遇到挫折，你还可以安慰他，想当年我辛辛苦苦准备了一个月的曲子，结果……”

一问一答中，我发现，虽然挫折给女儿带来的失落感还没有完全消失，但至少她没再怀疑自己。

挫败会让孩子怀疑自己，会因为怀疑自己而丧失信心。如果孩子不那么在乎结果，而是更重视付诸努力的过程，就不会因为失败丢掉自信。海明威说：“只要你不计较得失，人生还有什么是不能想法子克服的？”这不就是一种满满的自信吗？

第2章

抓住孩子的五个成长敏感期

执拗敏感期：你的孩子喜欢说“不”吗

亲爱的家长您好：

最近一段时间，Apple（千寻的英文名）特别喜欢说“不，不要”。让宝贝做什么事情，她都要说“不，不要”。有时有些小调皮，老师说不去做什么，她偏要做什么。宝贝的叛逆期来了，希望家长正面引导，谢谢！

这是千寻所在幼儿园的老师给的评语。

千寻在三四岁的时候总喜欢说“不”。

“吃饭？”

“不！”

“洗澡？”

“不！”

“睡觉？”

“不！”

“把你的玩具借给小朋友玩一下？”

“不！”

而且，她大声说“不”的时候还特神气，小脑袋一偏，一脸的倔强。

其实，在家中，“不”也是常常从她口中蹦出的字眼。每当她用一声直截了当的“不”将自己和我们硬生生隔开时，我都有点儿抓狂。

刚开始，我有些焦虑，使着吃奶的劲儿，想把她的“不”变成“是”，结果发现不但没效果还起了反作用。有时，她动摇的心已经在说“是”了，只是憋着一口气不愿说出口，被我训斥一番后，倒找到了逆反的动力，干脆把“不”坚持到底！

孩子喜欢说“不”的秘密

在孙瑞雪老师的《捕捉儿童敏感期》一书里，解开了孩子喜欢说“不”的秘密。原来，低龄孩子喜欢说“不”是因为进入了一个执拗敏感期，表现为孩子希望事事都按照自己的想法和意图去办，否则情绪会产生剧烈变化，会哭闹拒绝。

执拗敏感期来源于两方面，一方面是孩子表达自我意志的需求，这种“叛逆行为”其实恰恰说明孩子长大了，开始独立思考。另一方面是孩子构建秩序感的需求，孩子在做一件事之前，脑中会有一个特定的办事程序，认为事情只能按自己想的这个秩序发生。如果有人打破了他的设想，就意味着他设定的秩序遭到了挑战，他自然会用说“不”来表达自己的恼怒，这也是为维护自己的秩序而抗争。

用孙瑞雪老师的话说，我们不但不必为孩子说“不”而焦虑，反而应该觉得是件好事。因为说“不”代表孩子开始成为一个更独立的个体，开始将热情投入到表达和构建自我上，也正是如此，才塑造出了我们所期望的独立性、意志力和幸福感。

真的是这样吗？我开始观察女儿说“不”时的状况，惊喜地发现，80%都可以归结为表达自我意志的需求和维护秩序感的需求，只有余下20%是情绪化的发泄。

情形一：表达自我意志的需求

我在里屋看书，听见外厅有大声号啕，不用看都知道，女儿又在发表说“不”宣言了。果然，女儿哭着跑了进来，大叫：“我不要睡觉嘛！”

高分贝的叫声刺得人耳疼。我们耐住性子，按下怒火，好言好语劝说，然而无效。这丫头不但不听，反倒喊出了：“哼，你们总是不听我的！”

我观察她的反应，发现她并不是不懂“该睡觉了”这个道理，她就是想改变规则，通过改变规则来确认自己也有参与权和自主权，这不正是实现自我意志表达的需求嘛。

这次，我不再急着把“不”扭成“是”，换成了更好使的法子：**当孩子用“不”表达自我意志时，不妨用提问确认的方法满足她对自主权的渴求。**

“你确定你不想睡觉？”

“不想！”

“就算所有小伙伴都睡着了，也不愿意睡？”

“哼，不愿意！”

“如果爸爸妈妈陪你一起睡觉，你也不想睡吗?

“嗯……”一连说了好几个“不”的女儿有点迟疑了。

“要是妈妈给你讲故事，你也不想睡吧？”

“嗯……那得讲两个故事……”

在这个不断确认的过程中，女儿肆意地说了好几个“不”，慢慢地，就不再愿意使用这个字了。重要的是，这个不断确认的过程，是用问询的方式将自主权交给了她，是妈妈提建议，她来做决定，让孩子的自我意志表达需求得到了充分满足。

时钟指针走到22:30，听着《爱说“不”的调皮鬼》故事的女儿睡着了。以往，至少得花1个小时才能让她上床。今天，通过不断确认提问的方式，竟在半小时内就搞定啦。而且，之前就算睡着了，也总是带着不满，现在可是心满意足地睡着了。

情形二：构建秩序感的需求

有一天，有客人到我们家玩，门铃响了，女儿像只小兔子一样从沙发上蹦跶起来，想要去开门。结果，被站在门厅附近不知情的爸爸给抢了先。爸爸开了门，客人正准备进来。女儿不干了，大哭起来，一边用力将客人往外推搡一边大叫："不！我不要你进来！"

客人不知所措地站在门边，进也不是退也不是，气氛顿时变得很尴尬。这孩子，搞什么鬼！生气的爸爸正准备训斥她，却听她哭喊道："我要开门，我要开门嘛！"我们恍然大悟，原来，她不是没礼貌，而是惦记着开门这事儿呢。

我们给客人解释后，客人乐了，笑着说："没事，没事，我们再来一次好了。"接着，退出门外，关上门，重新按了一次门铃。女儿自己开了门，破涕为笑，开开心心地将客人迎了进来。

我观察到，这次说"不"是因为她心中的秩序感被爸爸破坏了。

不了解孩子对秩序感的需求之前，我以为她是故意作对。现在明白了，孩子只是想要维护自己心中的秩序感。既然孩子的执拗是秩序遭到挑战的结果，最好的方法不就是尊重他们的秩序感嘛，不过，如果孩子的秩序感纯属无理取闹，就不能再满足他们的不合理要求了，还是得给他们划定界限。

之后，我开始观察孩子的秩序要求，尽量不去破坏她心目中的秩序，在吃不准的情况下，就多多征求她的意见，绝不擅自代劳。

现在，门铃响了，我会提醒她："要不要去开门？"她会得意地帮忙开门。我们从互不理解变成皆大欢喜，原来，等待孩子自己做一件事远比秩序之争来得轻松省力啊！

孩子因为自我表达需求说"不"时，可以用不断确认提问来解决；孩子因为构建秩序感需求说"不"时，可以用尊重他的秩序感来解决。除了这两种方式，我还学到了一些实用的小办法，在实践中运用起来觉得效果也很不错。

用孩子的“不”换来你想要的“是”

女儿不喜欢吃蔬菜。以往吃饭时，我们总是会放一些蔬菜在她碗里，但很快，倔强的她就会把那些蔬菜统统丢出来，一边扔一边斩钉截铁地说：“我不喜欢吃蔬菜！”

于是，我们换了个法子。某一日，我和孩子爸爸心领神会地抢着吃蔬菜，一边咂着嘴说：“好吃！好吃！今天的炒苦瓜味道真不错呢。”接着，爸爸故意问：“要不要给闺女吃一点儿？”我看也不看女儿，回答：“不用，不用，她不喜欢吃蔬菜，不用管她，我们两个吃光光吧！”

女儿坐不住了，站起来大声反抗：“谁说我不喜欢吃蔬菜？我要吃，我要吃嘛！”

我说：“好吧，既然都提出抗议了，我们还是尊重一下人家的意愿好了。”

有一天，在争执一件事时，我开玩笑似的对女儿说：“妈妈虽然不同意你说的话，但我誓死捍卫你说‘不’的权利！”

没想到，丫头一愣，说：“我偏不说‘不’！”

瞧，只要我们换个角度，换种方法，就可以用孩子的“不”换来我们想要的“是”了！

在了解孩子说“不”的原因，采用顺势而为的方法之后，我发现，“不”这个字从女儿口中出现的次数越来越少了。而且，我学会理解孩子的行为后，便不再觉得她是任性捣蛋，我们之间的关系也一如既往地和谐亲密。如此一来，在宽松的环境中，女儿的执拗敏感期也去得很快，我还真没有体会到“熬”的感觉呢。

所以，如果你也刚好有遇到孩子喜欢说“不”的状况，不妨观察一下，看是不是刚好符合表达自由意志和构建秩序感的需求呢？如果是，可以尝试一下我推荐的小方法，希望能带给你惊喜。

正确认识孩子的秩序敏感期

在千寻4岁的时候，每次我回家总感觉走错了地方，仿佛从单位又回到了单位。

耳边时不时响起一句："我来安排一下……"

出门散步，要是"领导"还没安排好我们就擅自出门，"领导"就分分钟哭给我们看。

这还算好了，"领导"毕竟已经4岁，大度多了。想想她2岁多的时候，真是不堪回首啊。

怀疑孩子有强迫症？其实是秩序敏感期在作怪

蒙台梭利说，每个孩子都会经历一个秩序敏感期，只是表现程度不同。她在《童年的秘密》里说道："2～4岁的孩子，因为某些秩序被破坏之后，引起反抗和哭闹，那是在告诉家长，'秩序敏感期'到了。"

蒙台梭利说："在生命的前几年，秩序对儿童相当重要，儿童渴望生活在有秩序的环境里。"她曾记述一个不到1岁半的小孩的故事。这孩子跟父母旅行时，总是睡在有栏杆的小床上。回家后，跟母亲一起在大床上睡，却不停哭闹，难以入睡。

根据他父母的观点，这孩子是无理取闹，他们强调，旅行中没有发生任何特别的事，孩子一直很健康，心情平和。为此，他们请来儿童神经学专家，蒙台梭利博士正好参与了。蒙台梭利博士只做了一件事：拿两只枕头，平行铺开，它们的垂直边形成了一张像有栏杆的小床。这个小孩竟安静地睡着了。

这个故事虽然是个例，却很好地说明了，在特定阶段，孩子对秩序的需求比成人还要敏锐。如果我们没有理解到这一点，就会像那个孩子的父母一样，觉得孩子“固执”和“不可理喻”。

抓住培养孩子秩序感的黄金期

蒙台梭利还觉得，在孩子的秩序敏感期，不仅要给予理解，还要把握这个时期，让秩序感成为孩子内化的个性特征。因为，在敏感期内，儿童对当下发生的一切充满激情，能轻松愉快地学会与敏感期相关的事情，敏感期也是教育孩子的黄金期。

蒙台梭利很注重对孩子秩序感的培养，在她的四大目标中，秩序感被排在第一位，重要性甚至超过了专注力和独立性。

在一些蒙氏幼儿园里，孩子们可以自由选择玩具，但玩过后，需要将玩具分类整理，分分钟恢复成照片上那样整洁有序的样子。在他们的教室参观，时时处处都能体会到秩序感的存在。

蒙台梭利认为，秩序敏感期贯穿孩子的2～4岁，个别孩子会发展得更久，一直到6岁都会有对秩序的执着追求。在这个时期，我们可以和低龄段孩子玩“让玩具归位”“和妈妈一起收纳衣服”这种整理分类型游戏。给大一些的孩子提供一些机会，让他尝试写计划书、做安排方案，通过这些方法，将孩子对秩序的青睐转化为他内在的秩序感。之后，孩子做事就会非常有条理，在情绪管控方面也会非常优秀，人也会显得很平和。

蒙台梭利告诉我们：“不能只看见孩子因秩序而‘无理取闹’，却忘记了秩序本身就是值得推崇的事情。”

孩子秩序敏感期的防暴击指南

听完蒙台梭利博士的解释，再看孩子的“无理取闹”，我们就会好受多了。

可问题是，如果孩子狂嚎不止，还是得想办法。

比如，你把橘子剥开，孩子不开心了，他要亲自剥，可你重新给他一个，他又哭着说跟刚才那个不是一模一样的！怎么办？

所以，孩子的敏感期，要呵护，要顺势而为，要把握升级。但生活中，还得准备些防暴击小技巧。

小技巧一：适度让权

既然知道过度干预有可能带来的严重后果，就本着“宰相肚里能撑船”的原则，大度一点，把非原则性问题的处理权让给小屁孩们吧。

鹌鹑蛋很烫，你帮他划开，的确会冷得更快。但你要稳住了，把这个权利给他，就算划开也让他自己划，或者划开之前先征求他的意见。否则，你划开后，他有90%的可能性会叫你重新粘上！

门禁卡谁刷不是刷啊，他爱刷，就让他刷好了。衣服不要嫌他混搭得不好看，只要不过度影响冷热，让他自由发挥好了……

总之，就是要适度让权。

小技巧二：用选择题代替简答题

秩序敏感期的孩子特别龟毛，要按他心中的秩序安排一切细节。有时，他的秩序难免和你的目标发生冲突。如果你不想破坏他的秩序感，又想按你的要求来，就得学会用选择题代替简答题。

比如，该洗澡了，如果你问“你准备什么时候洗澡？”孩子的答案很可能会让你抓狂。

但如果给他选择题："你准备5分钟后洗澡还是10分钟后洗澡？"不管他选哪个，都能达到洗澡这个目的。孩子因为拥有选择权，便感觉是自己在安排，也就不会哭闹。

又比如，孩子要按电梯键，你先按了，他开始哭闹。你可以告诉他："你可以选择现在按一个不同楼层，也可以选择下次坐电梯时再按我们家的楼层。"

选择题的方式非常有效，渴望自主权的孩子很容易被它吸引而停止哭闹，自己做选择也满足了他们对秩序感的追求。

小技巧三：告诉孩子事物的另一面

这个阶段的孩子，认定的事不撞南墙不回头。在必要的时候，怎样才能让他们改变想法呢?

你可以给他灌输"另一条路可能更好"的概念。

简单举例，从公园回家的路，孩子认定要走A路，而你觉得走B路会更快一些。强行改变他的主意，难免出现对峙。这时，你可以提醒他，在B路可能有一家卖你喜欢的冰激凌的店，然后再让他选择是不是可以从B路回家。

实在不必跟这些喜欢鬼哭狼嚎的小家伙们计较，机智如我，用点防暴击小技巧就能曲线救国。最好的，当然还是遵循蒙台梭利博士的方法，把握秩序敏感期，让孩子的秩序感升级。

其实，当我们走过这个阶段，再往回看，会觉得秩序敏感期的孩子很可爱，他们渴望掌握更多，近乎苛刻地要求这个世界给他们尊重，我们不如就给他们想要的尊重吧！

原来孩子还有个撒谎敏感期

“妈妈，我肚子疼，今天可能没法去学校。”

“妈妈抱，我走不动了。今天户外课我跑了好长时间，腿好痛。”

……

在千寻5岁的时候，我眼里那个纯洁的小天使开始满嘴跑火车。和大多数家长一样，我被那双看似无辜的大眼睛搞得哭笑不得：“你怎么有那么多奇怪的谎言？”

不过，看了下面这些研究数据，我顿时平衡了许多，原来，不只我家孩子撒谎，老张家孩子、小李家孩子都会撒谎！

早在1989年新泽西医科大学的一次经典实验中，研究者把一些3岁左右的孩子单独带进房间坐下（房间安装了摄像头）。研究者告诉孩子，桌上有一个“惊喜玩具”，要求他们不可以偷看玩具。然后研究者离开了房间。每当发现孩子偷看（绝大多数孩子都这样做了），他们会回到房间，问孩子有没有偷看。结果，几乎所有孩子都撒了谎，说他们没有偷看。

来自多伦多大学的发展心理学家李康教授已经对孩子撒谎的现象研究了20年，李康教授的团队研究发现：2岁的孩子，就有30%会撒谎；3岁的孩子，撒谎率达到50%；4岁后，几乎所有的孩子都会撒谎了。

是的，如您所见，每个孩子都可能会撒谎。

撒谎敏感期是孩子迈入自我意识萌芽的发育阶段

众所周知，烹饪一道好菜需要好原料，那编造一个好的谎言又需要什么原料呢？

李康教授给出了答案：一个好的谎言，需要两个关键原料，其中一个是心智理论，就是“我知道而你不知道”的能力，这是一种可以区分我知道什么和你知道什么的能力。因为，撒谎从根本上来说，就是我知道而你不知道，因此我的谎言成功了。

让我们来看看，孩子是如何利用这一点的。

有一天，女儿肚子疼，这天她没有上学，爸爸请假在家陪她，她在家里玩得很嗨。这次经历让她忽然明白：原来，有些关于她的事情是只有自己知道，爸爸妈妈是不知道的。

于是，她举一反三，将这样“信息不对称”的经验用在了很多地方：当她不想吃西蓝花时，她会捂住肚皮，告诉我们她已经吃得很饱了，再也装不下一丁点儿东西；当她不想走路时，她会宣称她的脚扭到了，希望我们能抱抱她。

……

为什么有时候我们会觉得这些稚嫩的谎言可爱呢？

也许是因为我们观察到，孩子利用“我知道而你不知道”撒谎的背后，是孩子自我意识的萌芽。孩子已经不局限于对具体事物区分是你的还是我的，连抽象的信息也能辨别出是“你的”还是“我的”，还领悟了什么是“我知道而你不知道”，渐渐感受到自己是独立的、与众不同的存在，这种成长让我们欣喜。

而且，有趣的是，当孩子通过“我知道而你不知道”撒谎成功后，会萌生出更大的热情，去观察自己和自己以外的人，扩大自己的认知领地，以获得更多“我知道而你不知道”的元素供自己使用。

所以，当你的孩子开始撒谎，不要惊慌，你应该庆幸，这意味着孩子的自我意识开始萌芽了。

随着孩子能力见长，可爱又可恨的撒谎敏感期会紧接而来，他会一次次鼓起勇气，乐此不疲地和我们玩撒谎游戏，不管我们愿意不愿意。

梅西纳先生是一名小学校长。一天，他接到一个电话说："梅西纳先生，我的孩子乔尼今天不去学校了，因为他生病了。"

"请问您是谁？"

"我是我爸爸。"

这显然是一个不成功的谎言。可即便被戳破了，别以为孩子会陷入羞愧而就此改过自新，他很快会卷土重来的："咳，咳，我是乔尼的爸爸，这回他真的生病了。"一个听起来伪装老气的声音说道。

英国谢菲尔德大学的研究员们发现：成功的撒谎要求孩子具有Executive Function（执行能力）。这是一种复杂的技能集合，包括了记忆加工、自我控制和计划能力。孩子需要隐瞒事实真相，编造出另一个故事，且牢牢地记住它（不能前后矛盾），还得控制表情以显得自然，这太不容易了！

在撒谎敏感期，孩子不断尝试组织更有说服力的语言，营造更自然的面部表情，编织更合理的幻境，以构造出成功谎言。在这个阶段里，孩子的语言表达、逻辑推理和自我控制能力都得到了极大的发展。

于是很快你会发现，想识破孩子的谎言越来越难了。

面对撒谎的孩子，我们可以做什么

李康教授认为：撒谎是孩子成长的一部分。事实证明，撒谎所需的两种能力在儿童发展和社会交往中也是至关重要的，认知能力和自我控制能力不足，经常和一些严重的发展问题，比如和多动症或自闭症联系在一起。

就像孩子在口腔敏感期啃手，我们不能说他不卫生；在手的敏感期乱丢东西，我们不能说他搞破坏。撒谎敏感期也只是孩子自我认知、自我实践的一个阶段，如果在这个阶段我们能理解并给予支持，以适当的方法引导，就能促使孩子更敏捷地观察，更清晰地表达，反而能让孩子顺利度过撒谎敏感期，使他们拥有实事求是的理性人格。

不想吃西蓝花的女儿，捂住肚皮说："我吃饱了，我什么也吃不下了。"

我说："你确认吃饱了？"

女儿肯定地点头。

我说："好吧，这些草莓我只好独自享用了。"（她最爱吃草莓。）

女儿见状，挠头反悔："我还可以吃一点儿。"

我说："不是刚刚才说了什么也吃不下了吗？"

最后，当然是女儿笑嘻嘻地推翻了自己的谎言，吃掉了西蓝花，不过，也得到了小小的奖励：美味的草莓！

女儿不小心把爸爸的手机丢进了水桶，当她绘声绘色地描述一只野猫是如何坐着飞船升上31楼，接着，从窗户偷偷钻进我们家，尾巴扫过桌上的手机，手机掉进了水桶里……她编织出一个美好的想象世界，差点忘了自己在说谎。

我说："这可是一个不够好的谎言，就算有那么一只猫咪，就算天空忽然飘来一架飞船供它使用……可是，窗户是妈妈亲手关好的，你没仔细观察，瞧，插栓还别着呢。"

女儿不好意思地说："呀，我忘了！我应该让猫从门洞钻进来……"

让孩子承担一定的后果，意识到利己与损人之间的界限，不要让撒谎成为孩子解决问题的下意识选择。

大热天，满城找手机维修店可不是件美差事，小丫头跟着我们一家店又一家店地问过去，因为要找性价比最高的店，她一想到要用掉自己的零花钱来修手机就心疼啊。

最便宜的一家店报价200元，女儿掏出钱，恋恋不舍地在手里捏了又捏。她爸爸笑着说："这一次，不用你的基金，用爸爸的基金支付。"

"真的？可手机是我弄坏的呀。"女儿不敢相信。

她爸爸说："真的，因为爸爸觉得你现在做得很好，你肯承认错误，接受损失，将能力用在解决问题上，而不是编造谎言。爸爸愿意替你分担这次损失，不过，下不为例。"

女儿不好意思地挠挠头。

她爸爸接着说："虽然，爸爸妈妈觉得你很棒，用丰富的想象力杜撰出了一只猫，可智慧应该用在更有价值的事上，显然，撒谎不是哦。"

女儿若有所思，我想她已经明白了很多。

当你的孩子开始撒谎，不要惊慌，这意味着他的心智发展进入了新的里程碑。我们要像陪他度过的每个敏感期一样，去欣赏他的精灵古怪吧，给他呵护和支持，与他一起玩有趣又有爱的"撒谎游戏"。孩子在顺利度过撒谎敏感期后，就会收获明晰的自我意识和更强的执行能力，相信孩子吧，他会很棒！

社交敏感期：孩子不同阶段的社交特点

关于孩子的社交问题，大人很容易产生误会。

有位妈妈问我："我的孩子1岁多，我带他到小区玩，他好像对其他孩子完全不感兴趣，这正常吗？"

类似问题我听到过很多次，甚至有妈妈因此担心孩子是不是性格太内向。

我也有过同样的烦恼。记得千寻1岁时，我带她去一个早教中心上试听课，我想象中的画面是，她很快就能跟其他小朋友打成一片，非常投入地参与游戏。结果并没有，比起认识新朋友，她好像更愿意自己摆弄玩具。

当时我还是有点疑虑的。因为我自己感觉最舒服的状态就是一个人待着，心想孩子会不会遗传了我的性格？

后来涉猎教育，才懂得自己之前的疑虑其实完全没有必要，孩子有他们独特的社交方式，并且每个年龄段的表现不同。

0～2岁：我就是喜欢一个人玩

千寻1岁左右，根本不热衷结交朋友，她的兴趣点是自己探索各种事物，兴奋点则在和家人的互动上，对其他小伙伴常常视而不见。

我观察过，和她年龄相仿的几个孩子哪怕待在一个房间里，也只是看起来在一起，行为上都是各做各的，仿佛身边的同伴不存在。

这个状态很正常，与孩子性格内向还是外向没有任何关系。

他们只是在这个年龄阶段，需要通过独自玩耍来发展自我意识，忙着不断自我确认："这是我的玩具，这是我的手，这是我的小脚……"自然无暇顾及他人。

"我的"让这个年龄段的孩子感到安全，身边那些忽然出现的陌生人，则代表着危险。

在这个阶段，我们完全没有必要急着鼓励孩子交朋友，这会破坏他们自我设定界限的安全感。试着去接受他们暂时的"孤独态"吧，因为自我意识最早期的萌芽，就是学会区别什么是"我的"。

2~3岁："争抢"是我的社交方式

再大一些，约2岁时，孩子开始愿意和其他小朋友产生交集。只不过，这时候的社交方式仍然不是我们喜闻乐见的，最常见就是"争抢"。

千寻大部分时候都属于"被抢者"，她倒是挺大度，不哭不闹，只是用十分诧异的眼光看着抢她玩具的小朋友，在心里揣摩对方怎么会有这种行为。

其实，"抢"是好事，当孩子有这个行为时，说明他意识到了别人的存在，社交意识开始萌芽。"被抢"也不是坏事，将有机会学习如何应对"抢"这样一种社交方式。

总的来说，孩子在这个阶段，有社交意愿了，但还缺乏社交能力。面对摸索学习中的孩子，大人应该演示正确的社交方式，身教胜于言传。

3~6岁：我有了自己的"好朋友"

这个阶段的孩子们在一起玩耍，看起来和谐多了。他们会齐心协力为了某个目标努力，自然产生分工，有想法的孩子还能当上"小领导"。他们的语言能力终于发育到了可以互相交流的地步，同时又在大人引导和自己实践中摸索出了适当的社交方式。

也是从这个阶段开始，孩子有了“好朋友”的概念。

千寻3岁前，都喜欢和我们单独外出。但3岁后，很多次外出郊游，都会问我：“妈妈，芮子会和我们一起去吗？”她觉得如果有其他小伙伴同行，会好玩很多。

但也正是在这个阶段，他们一边品尝友谊带来的快乐，一边却需要学习接受友谊的复杂性。

前段时间，千寻的幼儿园组织了一个分享活动，每个小朋友将准备好的水果分享给自己心目中的好朋友，好朋友的名字会提前写在卡片上。

活动结束当天，千寻回家后很不开心。原因是，她把水果送给了安安，安安却没有把水果分享给她。也就是说，她把安安当成班里最要好的朋友，却失望地发现，安安并没有把她当成最好的朋友。

她第一次意识到友谊的复杂，每个人都有选择自己朋友的权利，而这份权利有时会无意伤害到身处其中的人。

这个阶段的孩子，会为朋友的爽约伤心，为朋友一句无心的话难过，甚至会为好朋友跟其他人玩而生气……不要错过这样的机会，因为除了安慰，我们还可以趁机教会孩子一些关于友谊乃至人性的道理。

阅读敏感期：让孩子的大脑活跃起来

有个妈妈问了我一个很有意思的问题："千寻妈妈，你在阅读上花那么多时间和精力，会不会挤占孩子其他领域的发展？孩子不只要读书，还要玩拼图、玩乐高、做运动……"

其实，乐高、运动、舞蹈、画画等兴趣爱好，我们都有学。但确实没有阅读花的时间多，尤其学龄前，每天阅读在我们家是最重要的事。

如此重视阅读，并非随意而为，而是遵循了一些科学依据。

为了把这个问题讲透，接下来，我将分两部分做阐述：

第一部分，我会从脑科学的角度解读"为什么学龄前培养阅读习惯，对孩子智能发育最有效"。

第二部分，我会结合自己多年来在阅读领域的学习和伴读经历，解读"为什么陪孩子读了很多书，孩子却依然没有体现出智能优势"。

学龄前培养阅读习惯对孩子的智能发育最有效

说到阅读，你首先想到的是什么呢？

你可能会讲："孩子小的时候，阅读就是看书、听故事咯。"

脑科学研究结果不是这么简单。当孩子眼睛接触到书本，他就开始进行视觉处理，之后是图像处理、文字解码，因为书里的故事有语言环境，所以他的大脑还要做语意解读，分辨听进来的东西是什么意思。

听懂后还没完，孩子还会联系生活实际，思考听到的东西对“我”有什么意义，这时，他的大脑在忙着做背景知识的提取。

接着，因为故事有情节推动嘛，孩子还要做因果判断和推理，才能听得明白读得下去。

故事内容中往往包含角色情感、情绪的变化，所以，阅读还需要调用到大脑里掌管感觉、情绪的部分。

最后我们会跟孩子讨论、复述故事，孩子需要回忆内容、梳理时序、组织语言，这样大脑里记忆、逻辑、语言区块整个都亮了起来。

你瞧，看似简单的阅读行为，却促使孩子的视觉、语言、逻辑、注意力、记忆力、感觉脑的同时活化！这是十分难得的现象。

脑神经学家用ERP脑波研究、FMRI脑造影研究及言谈分析研究等方法做实验，证实了这点：比起其他学龄前从事的活动，如拼图、玩玩具、运动等，阅读是用到大脑区块最多且活化程度最高的。

从这个角度看，你就理解了为什么学龄前注重阅读是件超值的事。

因为0～6岁是孩子大脑发育最黄金的时期，也是孩子的阅读敏感期，抓住时机介入阅读，可以非常有效地帮助孩子大脑活化。

所以，你的共读陪伴对孩子来说，不只是童年美好的亲子时光，更重要的是会促使他大脑智能的开启，是孩子终身受益的无价宝藏！

共读不是父母的“表演时间”

怎么阅读才真正有效呢？

这时候可能会有家长提问：“我从孩子出生就陪他阅读，这些年读的绘本都快把一个房间堆满了，为什么孩子还是没有表现出智能优势？”

是啊，同样是读书，为什么有的孩子读出了表达力、思考力，有的孩子却没有明显变化呢？

针对这个疑问，教育专家做了语料分析实验，请一些爸爸妈妈作为参照组，看他们怎么讲故事，再去测孩子的大脑反应。

研究结果发现：共读不是照书讲故事给孩子听那么简单，爸爸妈妈怎么讲，直接影响到阅读的质量。如果你想把握好孩子0～6岁黄金期，通过阅读促进孩子大脑智能发育，至少有两个要点是需要留意的。

因为长年泡在绘本馆的关系，我有了很多观察亲子共读的机会。

观察中，我发现一个有意思的现象。很多爸爸妈妈给孩子讲绘本真的是超用心，可谓声情并茂，唱作俱佳：讲《你看起来好像很好吃》，会学霸王龙“嗷呜”吼叫；讲《肚子里有个火车站》，会模仿茱莉娅吃坏肚子的样子，哇哇叫疼。

生动的演绎无可厚非，早年帮千寻建立阅读兴趣时我也常这么做。

但久了我注意到，如果只是家长在讲，孩子就会一直像一个听众，自己表达很少，互动也少。

想一想，我们到底是为什么要陪孩子共读呢？

如果共读目的是帮助孩子获得更好的阅读能力、智能发展，那么阅读的主角就应该是孩子，而不是我们自己。

所以，建议爸爸妈妈们在陪孩子共读的时候，一定记得提醒自己：**共读不是父母的“表演时间”，而是我们帮助引导孩子思考、互动与表达的过程。**

仅仅单向输出，孩子的大脑是不会活跃起来的。只有通过“诱导”，尽可能让表达的人是孩子，思考、反应的人是孩子，才能激活孩子大脑的各个区块。

不同阶段用不同招数

孩子在不同阶段的阅读特点不同，契合特点共读，才能事半功倍！

感知期（0～2岁）

这个年龄段的孩子靠感知了解世界，他们一拿到书就会啃会撕，因为不知道书本的功能是什么。这个阶段，家长有件重要的事要做：选书。大量选用能调动孩子五感的书。

翻翻书、洞洞书、触摸书、洗澡书、机关书、生活中事物出现频次高的书……都是很好的选择，符合孩子特性，容易帮孩子在“书”与“感知”间建立联系，不仅利于早期智能开启，也利于阅读兴趣的建立！

图画期（2～4岁）

待孩子大一些，你可能会有些郁闷：“我认真地讲故事，孩子却没有专心听，怎么回事？”

有些爸爸妈妈甚至联想到：“是不是小孩专注力有问题？”

其实仔细观察，你会发现，孩子是有专注力的，只不过他们更多专注在自己感兴趣的图画上，而不是你讲的内容。这时家长要顺势而为，当孩子对图画感兴趣，正好借图画提升观察力、想象力，促进他们大脑感知区域的发展。

观察绘本封面、根据插画猜故事是这个阶段很好的共读游戏。

不要小看孩子的观察力。举个例子，在《灰袍奶奶和草莓盗贼》这本书里，最后一幅画面是瓶子里的花，一只凋零，一只含苞待放。孩子看到这里马上有疑问了：“为什么瓶里还插着一枝枯萎的花，而不是两朵盛开的花呢？”

这还真是画家留下的伏笔。原来，这种花叫萱草，一朵花只开一天，然后就凋谢。画家画它，是想对看绘本的人说：值得称道和冒险的一天终于结束了。明天又是值得期待的一天！

大人也不见得能留意到这个细微之处。

所以，当孩子指着图画某处，向你提出问题，请别用随意的答案打发，肯定他的好奇，陪他探索一会儿吧，你希望孩子拥有的文综能力不就是这么累积起来的吗？

小时候不打好基础，怎能苛求他日后就在大语文上爆发？那不合理嘛。

故事文字期（4～6岁）

到了4岁，孩子的兴趣逐渐聚焦到故事脉络上，听故事时的神情开始变得专注，常常沉浸在情节里。这时候，促进大脑逻辑思考和语言区发展的精读，就该隆重登场了。

除了聚焦故事内容，4～6岁还是宝贵的文字敏感期。被脑神经学家称为“文字盒子区”的大脑左侧枕-颞区在这个阶段异常活跃，这时家长如果能够把握住机会，适当指读，做好字源解读，对孩子日后的语文学习会具有莫大帮助。

看到这里，想必大家也发现了，孩子在不同阶段，阅读特点是不同的。契合孩子的阅读特点，在不同阶段使用不同的招数，阅读对孩子智能发育的促进才有效！

反之，不了解孩子的阅读特点，从头至尾都用“讲故事”这一招搞定，结果就是花了时间却收效甚微，消耗了自己也耽误了孩子。

第3章

从幼儿园
快乐过渡到小学

不想去幼儿园是个正常事儿

我们偶尔会冒出不想上班的念头，有时候还会分享到朋友圈里找共鸣。可为什么换成孩子偶尔不想上幼儿园，我们就如临大敌了呢？

除了极少数孩子反抗上幼儿园可能是因为幼儿园管理本身存在问题外，大部分孩子偶尔闹着不想上幼儿园就和我们偶尔不想上班是一样的，是一件特别正常的事儿。

可孩子不想上幼儿园的次数越来越频繁，又是怎么回事？

如果我说，究其根源，在我们自己身上，你会不会大跌眼镜？

背后原因之一：负面情绪影响

黄小原到我家玩，饭后聊天，神神秘秘地说："我跟你说，我终于知道为啥我家宝贝老是闹着不上幼儿园了！"

我特别好奇："为啥？"

黄小原摸出手机，翻出一张照片让我看。我一看，这是一张幼儿园小朋友的集体照，照片上一群孩子在草地上笑得像花一样灿烂。很和谐，我没发现问题。

黄小原："你仔细瞧瞧！"

我瞪大眼睛，仔细再看了一遍，真找不出问题，原谅我不是福尔摩斯。

黄小原："你看，我女儿在这儿，倒数第三排最边上！"

"可，这代表什么？"我表示不懂。

黄小原："你看不出来啊，第一排的孩子表情多生动啊，拍得多美，应该都是老师比较照顾的孩子。我女儿站的这个位置，根本就看不到表情，后面这几排孩子应该都是老师不太关注的。"

我："……"

黄小原："你继续看，她怎么会以这个姿势坐在草地上呢，不觉得有点奇怪吗？怎么看都像是被人推倒在地上的。"

我认真观察，孩子的确是斜坐在草地上的，可其他小朋友也姿势不一，有些蹲着，有些还躺着，说是被人推倒在地，实在有点牵强。

黄小原："拍照都靠边，其他活动肯定也好不到哪儿去。孩子在幼儿园里得不到老师的关注，说不定还被其他同学欺负，难怪不想上幼儿园！你说，是不是这个道理？"

联想起了前几天刚看过的新闻：一个爸爸为了监视老师，干脆买个纽扣式摄像头，缝在孩子身上，结果没拍下他设想的场景，倒是被老师发现后惹来一场纠纷。我想说，我能理解家长在乎孩子的心，也能理解一些关于幼儿园的负面新闻给家长造成的安全感缺失。

可给孩子强行喂药、殴打孩子的幼儿园毕竟是极少数，就如同飞机会发生事故一样，我们总不能因为空难报道，就从此不坐飞机吧。再说了，送孩子上幼儿园前，大多家长都会对幼儿园有过考察和选择，说明还是信任的。

说到底，是我们太在乎孩子了，在乎他在幼儿园里过得好不好，甚至，潜意识里希望他在幼儿园里是受优待的，才放大了"孩子闹着不上幼儿园"的问题，臆想出一个妖魔化的幼儿园，脑补出了无数可怕的场景。

然而，恐怕连我们自己都没想到，正是我们的焦虑无意间给孩子灌输了恐惧情绪，加强了孩子对幼儿园的排斥。

这是我接孩子时常常会听到的话：

“宝贝，有没有同学欺负你？别怕！要是有人敢欺负你，你就告诉妈妈，妈妈永远站在你这边！”

“今天有没有被老师表扬？妈妈看见嘉嘉手里拿着一张奖状，你怎么没有，是不是老师没发给你？”

这些问题让孩子难以作答，更糟糕的是会产生指向，让孩子往负面方向想。比如孩子正好和小朋友有点小争执，原本也没放在心上，这么一问，反倒觉得委屈。比如老师表扬了一些表现更好的小朋友，本来孩子明白只要努力自己也能得到表扬，家长这么一问，孩子反倒恼怒，觉得老师针对自己。

就在我们无意识地暗示和引导下，孩子的情绪越来越糟，越来越排斥幼儿园。

背后原因之二：关注度的惊天逆转

我们的过度关注，除了能带给孩子负面情绪，让孩子更排斥上学外，还能让孩子社会化的进程变得异常艰难。

我女儿千寻，刚上幼儿园那几天，极度不适应。想想也能理解，在家里，只要她一皱眉，婆婆就知道她想喝水了，立即将水杯奉上，水杯里装的是婆婆小火熬制的甜汤。在幼儿园，小妞皱眉可没人搭理。想喝水？自己去找小水杯，杯里只有老师准备的白开水。在家里，所有玩具都是她的，想玩哪个就玩哪个，不顺心了，还可以随手一丢。在幼儿园，所有玩具都是和小朋友共享的，有时她想玩的玩具正好在别的小朋友手里，就得学会等待。

总的来说，在家里，她是大众瞩目的小公主，在幼儿园，就成了普通人一个。话说，由奢入俭难，这么大的落差，怎么接受？

于是，就出现了“闹着不想上幼儿园”这一幕。

我意识到这个问题后，立即在家开展了一次以爷爷奶奶为重点的“整风运动”，家庭会议后，大家心照不宣地改了以往的做派，不再过度以女儿为中心，正常对待她的饮食起居，能自己来的事就让她自己来。

然而，我们有些家长，在孩子上幼儿园后，家里还遵循着以往的习惯，事事以孩子为中心。更有甚者，会觉得孩子在幼儿园已经很辛苦了，回家后就更要好好享受优待。

殊不知，孩子闹着不想上幼儿园，就是因为家里和幼儿园落差太大，这个社会化的过程对他来说，实在是太难了！

既然孩子偶尔闹着不想上幼儿园是件正常的事儿，那就“理解万岁”嘛，就像我们理解自己不想上班的心情一样。理解了孩子，也就不用那么焦虑了，给幼儿园多一点信任，让自己成为一个正能量爆棚的家长，就能让孩子从此爱上幼儿园。

用“替代奖励法”帮助孩子轻松度过入园第一周

每到9月开学季，就会有很多妈妈为怎样让孩子顺利入园担心不已。回想几年前，我也和大家一样，尝过做新手妈妈的苦头，一口奶一口奶地喂，一把尿一把尿地换，一整夜一整夜地哄。那时候，觉得人生最大的盼头，就是孩子快点长到3岁，就可以送到幼儿园“祸害”老师去。

可孩子真到了上幼儿园的年纪，却发现焦虑和担忧比开心还要多。担心她有分离焦虑天天哭，担心她在幼儿园里不好好吃饭，担心其他小朋友欺负她，担心老师不关注她……总之，各种不放心。

还记得入园前，老师来家访，给我打预防针：“现在的小朋友刚进幼儿园都要哭几天，长的几个星期，有些孩子甚至几个月、半年后还不适应。”这一针下去，我感觉心里更没底了。

还好，结果不算太糟。千寻在入园第一天，看见别的小朋友哭着要妈妈，触景生情同哭了一场后，就再也没哭过了。她每天上幼儿园都挺开心，比我上班开心多了。我幻想过的那些风险项，一个都没出现。

我仔细回想，觉得千寻能顺利度过入园焦虑期不全是运气使然，还因为我们做了很多准备工作。不论是心态上的准备，还是物件上的准备，我都遵循了“经济学vs育儿”的大原则：理性且有爱。

入园前

准备一份开学礼物

这个灵感来自杜克大学行为经济学家丹·艾瑞里，我曾在公开课里，听他讲到**“替代奖励法”：生活中有些事情存在挑战和困难，让我们想逃避，但我们并不需要逃避或是放弃，而是可以利用其他东西（奖励）与有挑战的事情联系起来，为了奖励，人们会忽略困难，而愿意积极采取行动。**

对小朋友来说，第一次离开亲人，要融入陌生的集体环境中独自生活，是很大的挑战。要降低他们的畏难情绪，可以用到“替代奖励法”，我们可以准备一份开学礼物，答应孩子，开学的当天，就能得到这份梦寐以求的礼物。

我给千寻准备了一双她一直很想要的新鞋，我告诉她，去幼儿园的那天就可以穿。为此，入园的前两天，她还有点小兴奋呢，对幼儿园的排斥感也少了很多。

小书包里的大文章：给孩子安全感

你知道吗？刚入园时小朋友的书包不是用来放书的，而是用来增加安全感的。

我们需要在书包里放上尿不湿和换洗衣服。因为大部分小朋友刚入园时，可能会尿裤子，我们需要帮孩子准备好干净舒适的换洗衣服以防不测。

一般老师会告诉家长，在幼儿园是不用尿不湿的。但对于那些还没完成如厕训练的孩子，我建议家长放一片尿不湿在书包里，可以让老师在午睡的时候给孩子用上。因为上托班的孩子，很可能在午睡时尿床，在老师和其他小朋友面前尿床，孩子会觉得很难堪，会造成不必要的心理压力而影响睡眠。不如让孩子慢慢过渡，午睡时暂时使用尿不湿，等他们控制能力强一些时，也就不再需要了。

我当时是买了一种抗菌存储袋，这种抗菌袋是专门用来装宝宝的物品的，一个装尿不湿，一个装换洗衣服，既整洁又便于老师取用，而且袋子上面可爱的小动物也很招孩子喜欢。

还有一个小技巧，我发现，在书包上缝一个特别的名字贴，能增加孩子的安全感。小朋友的书包长得一模一样，虽然他们每个人都有各自放书包的格子，但刚开始还是经常弄错。千寻刚入园时就经常找不到自己的书包，看起来是件小事，但挺有挫败感。后来，我在她书包上缝了一个米妮的名字贴，她每次都能很快找到自己的书包，才产生了一种我能搞定的安全感。

入园后

再见的方式：积极正向、不拖沓

先说两种不可取的再见方式：一种是直接把孩子塞给老师就赶紧走，生怕孩子反应过来，大哭大闹、纠缠不清；一种正好相反，陪着孩子舍不得离开，就算离开，也躲在门口悄悄看，听到孩子哭又忍不住冲出来安慰。

这两种方式都会让孩子对家人、老师还有环境产生强烈的不信任感。

如果你想让孩子相信幼儿园是个安全又好玩的地方，就得表现出积极正向、不拖沓的态度。比如，我见过一个爸爸，在孩子手上比画出一颗爱心，又让孩子在他手里也画上一颗，然后对孩子说："这下，我们就住在彼此心里了！"

还有一个妈妈，手举在头顶，像兔子一样跳着离开，一边说："兔子妈妈去工作了，兔子宝宝有小伙伴一起玩，兔子宝宝吃完晚饭，兔子妈妈就回来了。"孩子被逗得咯咯直笑。

就算想不出这些有趣的方法，你也可以告诉孩子"你可以抱抱我"，然后用开朗的声音提醒他："哇，你们班里有好多新玩具，快和小朋友一起玩吧，再见！"在这之后，干脆地和孩子告别，然后转身离开。

重要的是，不论用什么方式，再见时一定记得坚定地告诉孩子，放学后由谁来准时接他。

接孩子时聊天方式要积极正向

新入园孩子的家长会因为对学校和老师不放心，拐弯抹角地问孩子："老师对你好不好啊？你喜欢某某老师吗？有没有小朋友被批评呢？"这样的问题，把家长焦虑的态度传导给了孩子，只会让孩子莫名慌乱。

入园前孩子最依赖的是父母，和父母分开肯定会有情绪波动，这时候父母对新环境的态度就显得很重要。当我们把信任感授权给学校和老师后，孩子才会出于对我们的信任，慢慢爱上幼儿园。

还有一类家长喜欢问："今天在学校开心吗？"其实，这样笼统的问题，孩子真的不好回答。尤其是刚入园的孩子，从备受关注的家庭环境到资源减少的集体环境，怎么可能很开心？

那么放学时候到底该跟孩子聊什么呢？

刚入园的孩子，他们最大的收获并不是开心，而是成长带来的成就感。你不妨问："哇，你的小手很干净，是在幼儿园学会洗的吗？""妈妈接你的时候看见你和一个小朋友在聊天，那一定是你在幼儿园交到的好朋友吧，你真棒，这么快就找到好朋友了！"

学龄前是培养孩子习惯的最佳时期

很多朋友问我，小学究竟哪些习惯重要，学龄前要怎么做才能培养孩子的好习惯。

那就专门来聊聊“习惯养成”这件事吧。

把习惯说得如此重要，不是贩卖焦虑，是我切切实实的亲身体会。千寻进入小学后，我真实感受到了小学和幼儿园的巨大差距，也庆幸于学前我们所做的一系列准备工作。若无充分的准备，我想不只是她，连我也会难以适应。

举个大家最熟悉的例子吧。

入学后，“小豆包”们面临的第一件事就是家庭作业。作业每天都有，量还不小。若无良好习惯，要如何让一个散漫惯了的孩子，乖乖坐在书桌旁写字算数？拖拖拉拉到22:00都还没完成基本量，家长怎能不焦虑？一焦虑就火气上行，声音分贝越来越大，不要说母慈子孝，能不心肌梗死就谢天谢地了。

除了作业，还有很多因习惯没养好导致的困境，比如注意力不集中、课堂吸收能力弱等。当你疲惫奔命于这种种困境，且看到别人家娃稳步前行时，难免会怀疑人生：综合能力培养什么的都是浮云，只要能平安度过今天，老师没有发私信，就是胜利。

大人焦虑也就罢了，关键是孩子一入学就屡屡受挫，这对孩子自信心的建立很不利。如果想让孩子顺利度过小学初期，有些习惯最好还是提早建立。

学习习惯是生活习惯的延伸

很多家长吐槽说，孩子上小学后，家长不陪着、催着，就不写作业，或者就算坐在书桌前，也是赶鸭子上架，人在心不在。

这样的场景很多家长并不陌生。

有多少孩子，在家吃饭的时候，大人不催着、追着，就不吃；或者好好的正餐不吃，偏要吃零食。

再举个例子，一年级开学第一周，老师给娃的任务清单上，很重要的一项就是“自己整理书包”。有多少娃照单完成了呢？

不少家长抱怨：“没办法，说半天都不动，最后只能大人代劳。”

你知道吗？那个不肯自己整理书包的孩子，和学前不肯自己整理玩具的孩子是同一个人。小学后很多学习习惯都是生活习惯的延伸。你不能指望一个从小不收拾玩具的孩子，入学后就突然自己收拾书包；不能指望一个从小东西乱放的孩子，入学后做事突然就变得很有条理。

说到底，今天的果，是昨天的因。所以，我建议：**培养学习习惯不要急，先从生活习惯入手，在当下的日常生活中做出调整。**

关于吃饭以及类似需要孩子自己负责的事情，唯一法则是“狠得下心”。只有你规则明晰，孩子才能在承担“自然后果”中建立起责任意识。

这里需要特别提醒的是：大多数家长都输在缺乏一贯性上。

在企业管理中，一贯性是规则落地的重要基础，一个规则不能今天有效、明天无效，更不能对A有效、对B无效。

教育孩子也一样，定规则最怕“朝令夕改”，不能今天是“一定要饿饿这货，让他感受一下该吃饭时不吃饭的后果”；明天又是“算了算了，待会儿饿了再给他煮碗馄饨吧”。

现在的孩子猴精猴精的，很快就能摸清你的路数，一旦被他发现妈妈只是间歇性发飙，规则就很难执行下去了。

咱们为人父母，站位要高，看得要远。不要等到小学的时候再去培养学习习惯，而是要看到学习习惯背后的东西，从实际需要出发，提前“预习”。

培养习惯的重中之重：时间管理

时间管理是个老生常谈的话题了，那么多人谈，还谈了那么多年，说明它的确对孩子的影响非常大。

我不想给大家推荐“番茄钟”“做计划”“事务排序”……这些“学霸式”操作，对绝大多数普通家长来说，实操起来实在是有难度。

其实，学龄前孩子的时间管理不必那么精细，只需做到两点就行。

1.建立时间观念。

学龄前孩子的时间观念，不是必须几点睡觉几点起床，而是意识到“时间的有限性”。孩子一般是没有时间概念的，他们玩起来忘乎所以，常常沉浸在自己的世界里。

记得幼儿园中班的时候，老师跟我“投诉”：“千寻每次一进卫生间洗手，就出不来了，要不就摆弄肥皂，要不就把小毛巾取下来做实验，总能找到新玩法……”在家也一样，晚上自己洗澡，要是我不管不催，她能洗到天荒地老。

我超级理解孩子的天性，但我也知道，这样的状态一直维系到小学就会比较麻烦，一系列的磨蹭拖拉都会由此而来。于是进入大班后，我开始帮千寻建立对时间的感知。

方法很简单，就是“事前友情提醒，事后自己负责”。

比如，同样是洗澡，我会先跟她约定好时间，提醒她超时可能的代价：“千寻，再过5分钟我们就要结束洗澡这件事了哦，因为时间有限，超过5分钟你还没有出来，咱们的睡前故事就只能取消。”

“什么？5分钟太短？那就300秒，够多了吧？”

提醒之后就不要频繁催促了，不论孩子是否遵守约定，她都能够通过这件事感受到时间的有限性，达到这个目的就够了。

因为“感知有限性”是时间管理的前提，是最基础的东西。后面你就会发现，小学很多事儿其实都和时间的有限性有关。比如，知道时间有限，孩子才会进一步懂得玩和作业是需要合理安排的，以及任性使用时间可能造成的不好后果。

我特别想告诉大家，这个方法在学龄前实操中最有效。孩子上了小学，掣肘父母的地方就多了，有的“代价”我们自己都难以承受，用来制约孩子也不现实。

说到这里，就忍不住再次强调：学龄前才是培养孩子习惯的最佳时机！

2.习惯一段时间里专注做一件事。

“习惯一段时间里专注做一件事”，最好的方法是整体划片，有点类似咱们在效能管理中常用的“四象限时间管理法”的简化版。

比如，千寻上幼儿园时兴趣班放学大概是18：30，入睡时间是21：30。这中间有3个小时，我将其划为了三大块：

第一块，18：30～19：30，主题——玩。这一个小时里，她可以彻底放松地玩（中间可以吃点东西补充能量）。

第二块，19：30～20：30，主题——学习。这一个小时里，我们在绘本馆里度过，阅读或者做一些英语、数感逻辑方面的练习。

第三块，20：30～21：30，主题——内务整理。这一个小时里，就是洗漱，为入睡做准备。

整体划片的好处是：每块时间，因为主题明确，很容易在孩子脑海中形成清晰的规律，从而内化为习惯。养成习惯后，孩子上小学后，会倾向于一个时间段内专心做一件事。

同时，明确主题让孩子学会了最简单的事务区分，非主题的事务可以缓一缓，先把重要的事做了。

所以上小学后，千寻一般是放学后先运动半小时，在户外打打球、玩一会儿，然后回来专心做作业。玩的时候不会想作业，做作业的时候不会想着玩，而是偏向于专注做一件事。

要做到“时间整体划片”，父母自己的时间管理能力也得跟上。没办法，孩子小时候是没有安排时间能力的，父母主题清晰，孩子也就主题清晰；父母很随意，孩子也就随意。我知道，对上了一天班很辛苦的爸爸妈妈来说，下班还要提起精神陪娃真的好累，可一旦孩子养成好的习惯，小学阶段就会轻松好多，“先苦后甜”还是挺划算的！大家可以结合自己孩子的具体情况来参考。

3.允许有例外，敢于给出口。

最后，特别想多说一句：孩子的习惯养成主要来自潜移默化，而非外部约束。

培养孩子的习惯，要允许有例外，敢于给出口。

有时千寻也会跟我说：“妈妈，今天我真的不想去绘本馆看书。”我会说：“好，那咱们今天就不去了。”有时临睡前我们讲故事投入了点儿，也会晚十几分钟再睡……这些都没有关系。

时间长了你会发现，只要整体上是好的，细节反而可以放宽松一些，平和的态度比强压更有利于培养孩子良好的习惯。

正如著名诗人叶芝所说：“Education is not the filling of a pail but the lighting of a fire（教育不是注满一桶水，而是点燃一把火）.”

选择兴趣班，不要完全以孩子的兴趣为标准

新学期伊始，又到了给孩子报兴趣班的时候。钢琴、陶艺、围棋、芭蕾，各种兴趣班让人眼花缭乱……无奈时间、精力、金钱都有限，必须做取舍，学什么不学什么，绝对是个技术活。

很多妈妈跟我吐槽了报兴趣班的纠结。我发现，大多数家长在给孩子报兴趣班这件事上，还是挺迷茫的。

有一位妈妈（我们姑且称她为A妈）连续三个学期都在给孩子换兴趣班，上学期是乐高和跆拳道，这学期变成了钢琴和英语，如果我没记错的话，这孩子上上学期学的应该是小主持人和画画。

A妈也觉得频繁换兴趣班不太好，她告诉我："可孩子每学一段时间就说没兴趣了，担心坚持下去他也痛苦，只好换一个。主要是我也看不出他到底适合学哪样，只能广撒网，什么都试试吧！"

另一位妈妈表达了和A妈相似的苦恼，报了不少班，也没感觉孩子对哪样特别有兴趣，几年下来，不知道是该继续还是该换方向，兴趣班上成了托管班，花不少钱仿佛只为买个不输在起跑线上的心安理得。

兴趣是最好的老师，有时也是最好的借口

几年来帮娃报兴趣班、陪娃上兴趣班的经历告诉我，这些迷茫其实都源自

一个误区：孩子的兴趣是选择兴趣班的依据。

在多数家长的潜意识里，存在一个默认顺序：首先要有兴趣，然后才能做好。当孩子说没兴趣时，家长也就不去坚持了。却很少有人去思考，孩子嘴里的兴趣真的靠谱吗？

然而，事情的真相是：**兴趣是最好的老师，有时也是最好的借口。**

千寻学习乐高快两年，后来破格升入机器人班，老师说她逻辑思维、创造力很强，在编程方面颇有天赋；舞蹈也由刚开始的不情不愿发展到小有所成，近期准备转提高班了。重点是，她自己学得很有成就感，成就感给她带来了很多快乐。我真的很难把她现在的学习状态和她之前说的“没兴趣”联系起来。

回想当初，如果按她的要求换一换，又会是什么情形呢？

90%的可能是她如今正在学习第N个新项目，而那些曾经接触过的舞蹈、乐高、画画、钢琴等，都将以“半瓶水”的姿态消逝在她身后，慢慢被遗忘。

大家别误会，我无意怂恿你们忽视孩子的个人意愿。我只是想借自己的真实经历告诉你，孩子的兴趣没有我们想象中那么清晰和明确，很多时候，它不见得是最好的老师，却是最好的借口。

你知道孩子为什么常常对目前所学表示没兴趣吗？

在行为经济学人的偏好研究里，关于人的兴趣，除了极少数是努力过后依然无感外，其余99%都是因为“过程中遇到了困难和挫折”。

著名天使投资人、原新东方名师李笑来先生写过一本书叫《把时间当作朋友》，书中他对“兴趣”提出了一个新定义：“人并不是对正在做的事没兴趣，而是没能力把正在做的事情做好，大多数人声称没兴趣，都只是为自己的畏难情绪寻找一个合理化借口。”

对孩子来说，兴趣班看起来很美，一旦开始正式学习，就难免遇到各种困难，而逃避困难是人的本能，这时候“没兴趣”便成了最好的借口。没有意识到这一点的家长，总希望孩子在不断尝试中，自动迸发出对某件事物的兴趣，因为浓厚的兴趣而越做越好，最终由爱好发展为特长。

实际上，这就是个幻想，因为现实生活中，除了极少数天才，大多数普通孩子遵循的顺序都是：**不是有兴趣才做好，而是做好了才有兴趣！**

发掘孩子的长处，而不是听从孩子的兴趣

当我们捋清楚了顺序，再去想如何筛选兴趣班，思路就清晰多了。

既然大多数孩子是做好了一件事才产生兴趣，我们要做的，就是找出他们在哪件事上最有可能做好。

就像李笑来所说："正确的做法是根据孩子的情况，选出他最可能做得比别人好的事情，然后绞尽脑汁让他学得会，做得好，做得比一般人好，做得比谁都好，兴趣自然就出现了。"

简单地说就是：发掘孩子的长处，而不是听从孩子的兴趣。

这时候，很多家长可能又会说："我的孩子没表现出对什么事特别擅长啊。"

发现孩子的长处真的很难吗？

《南方都市报》曾有个"少年偶像"版，报道的都是些特长少年，有的擅长玩摄像机，动不动就自己拍专题片，有的是经常参加画展的小画家……我看了这些小孩的成长轨迹，发现他们并不是生来就多么与众不同，而是得益于他们的父母，找到了自己孩子与其他孩子的一点点"差异"，再努力创造条件，让那些原本很微小的"差异"越来越大。

比如其中一个男孩，喜欢跟爸爸聊放学路上的见闻，细心的爸爸发现，孩子的观察力很强，他描述的很多细节都是别人忽略掉的。这个爸爸，想来想去，送了一台二手摄像机给儿子，鼓励他把观察到的有趣的事物拍下来，就这样，摄像成了男孩的特长。

观察孩子的个体差异，再做横向比较

很多时候，我们觉得很难发现孩子的长处，是对长处的认知出了问题。长处不是已经成为结果，显现在众人眼前的特长，而是一些细微的“个体差异”。比如，孩子是个小话痨，他就有可能发展出和语言表达相关的特长；孩子好动肢体平衡度高，可能在运动方面的发展空间更大。

如果观察细微差异对你来说有难度，也可以用“横向比较”——把两三个兴趣班作对比，看孩子在哪里更容易出成绩。千寻刚开始学的是舞蹈、乐高和围棋，我发现她在乐高课上的表现明显更突出，创意比别人多，对结构的把握也更强。相比而言，舞蹈算可塑，围棋差强人意。于是在做取舍时，我们加强了乐高、舞蹈，放弃了围棋。

根据长处选择兴趣班后，余下的，就是家长和孩子共同努力了，别忘了，要把最可能做好的事真的做好，兴趣才会出现！

做一个理性而温和的助推者

我发现，家长在报兴趣班时，往往会体现出两种教育观，一种是传统教育观，从“功利”的角度出发，选择公认的主流项目，不参考孩子意见，就遵循一个原则，即“有用就学”；另一种则是近年来流行的新式教育观，强调尊重孩子，一切从孩子的兴趣出发。

然而，经济学出身的我更愿意相信，孩子是有限理性的人，有一定自主性，也有人类的本能。我们不能越俎代庖，什么都帮他们决定，但也不能忽视懒惰、逃避的人性，什么都交由孩子决定。

作为家长，最合适的方式是做一个理性温和的助推者，给孩子一定的自主性，同时也要认识到孩子是非理性的，他们需要你适时的帮助，这个帮助，包括理性地判断孩子口中“没兴趣”的真伪度，以及发掘特长、创造机会。

孩子上兴趣班半途而废怎么办

一天，千寻在幼儿园的时候跟我闹："妈妈，我不想学跳舞了，跳舞一点儿都不好玩！"

我："当初是谁拽着我非要学跳舞的？"

千寻："跳舞太累了，我不想学了。"

我："今天你对老师说你生病了，对不对？大家都在劈叉，就你一人坐在小椅子上休息。"

千寻干脆大哭起来："我劈不来，劈不来嘛！我就是不想学跳舞了！"

还用小眼神瞟我，观察我有多少妥协的余地。

这样的场景，好多家长都不陌生吧？

接千寻兴趣班放学，在门口和妈妈们闲聊，发现自己不是个例，平衡了不少："哎呀，我儿子也闹呢，说不想学跆拳道了，学之前，我们也是本着民主精神让他自己选的，现在倒好，才上3节课就打退堂鼓啦。"

其实，我明白女儿为什么不愿继续学跳舞。她想象中的舞蹈课是这样子的：老师播放有韵律的音乐，她站在舞台上，即兴发挥来一曲，结尾再来点热烈的掌声，就圆满了。

然而，现实中的舞蹈课是这个样子的：一遍接一遍，枯燥乏味的基础功练习。有些动作，比如下腰、劈叉，还有点难度，需要反复做好几十次才能掌握。

我想，那个不愿继续学跆拳道的男孩，和我女儿面临的问题应该是一样的。对不少小朋友来说，“理想是丰满的，现实是骨感的”，绝对是他们初上兴趣班时的真实写照。

身为家长的我们可为难了：按孩子的要求放弃，会不会宠坏他，让他觉得什么事儿都是我想做就做做，不想做就算了？不按孩子的要求来，非让他坚持，又会不会有点强人所难，万一孩子是真的没兴趣呢？

锻炼孩子的毅力：成功的关键不是智商，而是毅力

就在我和其他妈妈一样，为这个问题苦恼时，忽然想到以前看过美国心理学教授安吉拉·达科沃斯（Angela Duckworth）在TEDx上的一个演讲，名字叫《成功的关键不是智商，而是毅力》。

安吉拉·达科沃斯在纽约一家公立学校教七年级学生的数学，和别的老师一样，她会给学生们做一些小测验。当试卷收上来后，也会计算孩子们的成绩。若干次之后，她发现一个有趣的现象：IQ的高低并不是好学生和差学生之间的唯一差别，一些课业表现好的孩子并不聪明，相反一些非常聪明的孩子反而课业表现不尽如人意。这个现象引起了她的思考，继而她离开了讲台，带着她的团队进行了长期调研。

他们调研军队中哪些新兵会被淘汰出局；观摩全国拼字比赛，研究哪类孩子会晋级到最后。在不同情境下，有一种性格特征凸显了出来，这种特征在很大程度上预示了成功，它就是毅力。

有趣的是，研究还表明，毅力与才华没什么关系，才华并不能使一个孩子坚韧。也就是说，也许孩子对跳舞有兴趣，甚至四肢柔软弹性好，有点天赋，而如果他缺乏坚持的毅力，也不见得能学好。这也解释了，为什么有些人的兴趣，永远都只是兴趣。

对我女儿来说，练基本功多苦啊，浑身酸疼还不能臭美，如果不上舞蹈课，就可以和小伙伴去玩，多轻松啊。一比较，对舞蹈的兴趣立即就被惰性掩盖了。

我终于想明白了，轻言放弃的孩子缺少的是毅力，一种拥有恒劲的能力。孩子想放弃学习的问题也自然有了答案——我们不必按孩子的要求马上放弃，也不必强迫他坚持，而是应该告诉孩子："无论如何，你得让我看见你真正努力并坚持过，再来决定是否放弃。"

家长多做"有益的推动"

既然找到了孩子轻言放弃的原因，知道不必按孩子的要求马上放弃，那么接下来的问题就是怎么才能让孩子不放弃。

我忽然记起儿童心理学家科恩博士说过的一段话："压力不可怕，恰当的压力反而是成长所需。可怕的是压力持续时，孩子没得到及时帮助。我们要做的既不是强迫他面对压力，也不是任由他逃避压力，而是要用轻松的方式帮他缓解压力，才能继续向前。在鼓励孩子坚持时，一定要做有益的推动，而非有害的强迫！"

我琢磨了好久，总算想出来一些策略，让女儿做了一次"小白鼠"，效果不错，一定要跟大家分享一下。

策略一：内心的向往带来动力

我带着千寻看了好几场舞台剧，这种近距离舞台剧的效果很震撼，她看得全神贯注，眼珠儿都不动一下。演员们在舞台上的表现和观众给予的热情回应，都让她产生了深深的向往。本就喜欢舞蹈的她有一种渴望，而这种现实的接触，又将渴望具体化了，美的感受能深入她的心里，成为她坚持的动力。

策略二：同行的伙伴带来动力

千寻有两个好友也在学舞蹈，我就鼓励她们一起练习一起玩，玩的时候会互相比画新学到的动作，同伴的作用就是让辛苦的事儿因为有了互动、竞争而变得好玩了，她们有时会比赛看谁学的“青蛙跳”更有趣，诠踮起脚尖的时候更像小仙女一些。为了和伙伴有共同语言，也为了臭美显摆，倒是产生了坚持的动力呢。

策略三：家人的陪伴带来动力

每天回家，千寻都会当小老师，她做示范，大家跟着练，涨了不少成就感。而且，有一些她在课堂上做不到的动作，在家里相对宽松的环境中，我们嘻嘻哈哈陪她练，反倒容易做到，这给了她莫大信心，不会因为做不到的动作而畏惧上课，坚持的动力也就有啦。

策略四：寓教于乐的方式带来动力

我给老师提了点小建议：每节课开头增加观摩时间，由老师表演一段舞蹈，或播放一段视频，让孩子感受舞蹈之美；中场增加自由舞时间，让孩子们发挥一下，多些趣味性。老师欣然采纳了建议，可别小看这两个小环节，有了它们，舞蹈课变得生动多啦，孩子们也多了坚持下去的动力。

一天，小丫头竟得意地给我表演了好几个新学的动作（之前都是催着我给她换衣服，恨不得赶紧回家）。回家路上，我问她：“这么开心，是不是找到了成就感？”她不好意思地点点头，我顿时觉得好欣慰啊，欣慰她开始有了毅力去度过艰难的瓶颈期，欣慰她终于从学习中找到了些许快乐。

通过这次尝试，我收获了一点感悟：孩子的毅力真的是可以通过锻炼培养的。既要抓住想逃走的宝贝，让他们走出舒适区，又要想尽招数做有益的推动，让坚持的过程变得快乐有趣一点儿。

机会成本：破解“幼小衔接”的焦虑

我的朋友陈想跟我说，他有时会怀念以前和谐的亲子关系。

那时候，他的女儿还在上幼儿园，陈想每天下班就去接她，然后两人一起沿着江边小道走路回家。一路上，他女儿就像一只不知疲倦的小鸟，叽叽喳喳说个不停，迫不及待地要跟他分享学校里的趣事。

上小学后，陈想发现这样的温馨时刻越来越少。他也想下班后开开心心地和女儿待在一起，可一陪她做作业就上火，不是磨蹭拖拉就是错误百出。

孩子读幼儿园时，老师不会布置必须完成的作业，要求是宽松的。陈想觉得挺好，不应该过早灌输给孩子太多知识，那样反而会限制孩子主动探索的欲望，降低了他们的学习热情。

小学不一样，作业是必须完成的，如果有哪个孩子作业没完成或完成得不好，第二天老师会在家长群里点名，孩子也会被批评，自尊心要受损。

如果说小升初、初升高只是量变，那么幼升小就是个质变。

以前，陈想看见有些家长给还在读幼儿园的孩子报“幼小衔接班”，培养所谓的学习习惯，他不以为然。现在，他也开始怀疑，自己当初是不是也该让女儿去训练训练。

为了让已经落后的孩子跟上趟，三年级时，陈想思虑一番后，与其他家长一样，给女儿报了课外补习班。以前孩子每天放学还能玩一会儿，如今放学就得赶往补习班，补习班结束后还得赶紧回家完成作业，几乎没有一点儿属于自己的时间。

终于有一天，不堪其苦的孩子抱怨道：“爸爸，我不想去补习班了，一点儿也不开心，每天都要做很多自己根本就不喜欢的事。”

陈想苦口婆心地说：“你现在过得开心，长大后就会不开心。你现在苦一点儿，是为了以后轻松。”

他女儿一脸迷茫：“现在都不开心，以后还能开心吗？”

陈想忽然有些无语。他曾经认为学习是一个主动寻求知识的过程，是带着问题找答案，希望保护好女儿的主动性和热情，让她能快乐地学习。现在，却想着该如何跟女儿解释“其实人最重要的并不是开心地做自己想做的事，而是能把一件不开心的事也做好”。何况，连他自己也不确定，人难道不应该做快乐的自己吗？

焦虑来自理念和现实的碰撞

如陈想一样，很多家长都有自己的教育理念。常常了解教育资讯，也会看到一些认可的观点：以前的世界是线性的，好好学习，考个好大学，找个好工作……点到点，延续下去就行。但未来世界是复杂多元的，评价体系远不止学习成绩这一项，还包括很多。

可是，当这些理念到了现实的操作层面上来，就难免显得有些尴尬。

幼儿园要求宽松，孩子朝着多元化方向发展，唱歌、跳舞、画画都可以。小学要求更标准化，多了些硬性指标，你要是作业没完成，数学算不出来，语文字写错，唱歌、跳舞、画画再好，一样被批评。

再往后，到三年级，陈想或许还会遭遇到成绩带来的焦虑。小学是要讲升学率的，升学率由考试机制决定。于是，虽然大家嘴上都说分数并不代表一切，但是每次开家长会，感受到的氛围都是：分数不是万能的，但没了分数就是万万不能的。

陈想的理念是应该找到一些方法，保护孩子的学习热情，可现实往往不断催促他加快效率；陈想觉得早期压着孩子学，会过早地消耗孩子的心理能量，可又招架不住来自外界的各种压力，不知不觉地变成了“狼爸”；陈想觉得孩子的性格塑造比学习成绩更重要，追求成功不能构成人生的全部，可整个喧哗的球场里，当大家都在抢一颗球时，你还能保持淡定观战吗？

当理念和现实不断碰撞，最直接的作用就是引起家长患得患失的焦虑，让幼小衔接变得更加困难，而幼小衔接的困难又让家长更加焦虑，这样就形成了一个恶性循环。

焦虑来自难以接受的“机会成本”

在经济学上，有一个很重要的概念叫“机会成本”。它的意思大致就是，今晚如果我选择去吃必胜客，就不能吃中餐、火锅、日本料理，而这些放弃的东西加起来，就是我吃必胜客的机会成本。

换到教育问题上就是，我们可以选择循序渐进的教育方式，认可学习是个长跑的过程，那就不可能得到50米冲刺冠军的快感，这个就是我们需要接受的机会成本。

当我们尝试用“机会成本”的思维方式去理解教育难题时，你会发现，我们的焦虑，说到底是因为难以接受机会成本。担心选的路不正确，又失去了走其他路的机会。

当我们选择公立小学时，我们担心严格标准的教育培养不出创造性人才；当我们选择私立小学时，我们又担心宽松快乐的教育不过是个伪命题……

前段时间，我看了张同道导演拍的一部纪录片，名字叫《成长的秘密之小学时代》。其中一集，讲到几个很焦虑的中产阶级家庭父母，专程到芭学园找儿童教育家李跃儿老师解惑。李跃儿老师说了一段话，给了我很大触动：“你爱你的孩子，可你怎样去爱你的孩子？爱的感觉和爱的决心是两回事。真正的爱，家长对孩子的爱应该是一个教育决心。作为家长，你必须判断出来，你到底看重哪一边，你真正想要得到的是哪一边？”

能让我们接受的每一个教育选择带来的机会成本，就是我们的教育决心。

选择固然是件难事，但既然任何一种选择都要付出代价，又何必患得患失？即便走上一条少有人走的路，也并非糟糕的事，最糟糕的是一路走来，犹豫徘徊，行至半途又想换条路走，总在为没选择的或者已经失去的后悔担心。同时，决心又源自对自己对孩子的信心，相信在变幻莫测、有起有伏的道路上，自己有能力保护和引导孩子，相信孩子有能力自我调整，改变和成长。

应对幼小衔接：做好孩子的心理建设

千寻5岁后，我开始正视自己身处的这个大环境：全民提前化。提前适应、提前学习、提前备战幼升小……我无意传播焦虑，只是讲出一个事实。

其实，和大多数家长一样，我也不喜欢“提前”这个词。

老人愁小朋友吃饭不会用筷子时，那个义正词严反驳的人是我：“哪个大人不会用筷子呢？很多事，长大后自然就会了，又何必急于一时。”

如此这般的“慢慢来”，我坚持了5年。直到今年，孩子再过一年就要进入小学，我看到了现实环境中资源的有限性，也感受到了家长间暗潮汹涌的火拼味。不由得客观地思考，**孩子是不可能脱离环境成长的，只有做到“出格”与“入格”兼具，才能将目前大环境可能带来的负面影响降到最低。**

“出格”，是孩子的灵性，5年来，在自由快乐的氛围中，一直被我们保护得很好。“入格”，便是我现在开始，要慢慢帮助她建立的一种能力，包括对身处环境的理解和适应。

以上认知，便是我做幼小衔接的初衷。下定决心后，我就开始做计划。

首先，规范性得加强。小学每节课一坐就是40分钟，幼儿园里哪个小朋友能坐这么久？知识输入得开始储备，小学进度那么快，零基础直接蒙掉……

刚开始，我对自己做出的幼小衔接计划表是很有信心的。进度不算快，习惯养成有完备的激励措施，课程设计有游戏有互动，实施难度算是降到最低了吧。

没想到，才3天就碰了壁。

作为一个长期生活在自由环境中的小朋友，忽然有了约束、加了压力，狡黠如她，第一反应就是哪里有压迫哪里就有反抗。学习时各种心不在焉，不是抓块橡皮擦把玩，就是平均5分钟跑一趟厕所。

被斥责几次后，看似收了心，其实憋着一口气，这口气表现在平日突增的小脾气上，心情不爽，难免借题发挥。

接着就是最为关键的心理建设了。在3天的规范化训练之后，我意识到，自己可能忽略了一件很重要的事——让孩子理解为什么要做幼小衔接。

说到底，幼小衔接是我们大人觉得该衔接了，就风风火火行动起来，并没跟小孩解释过。小孩不懂，为什么爸爸妈妈忽然变严肃了、要求多了？为什么我读绘本时就需要认字了？为什么我要算2根香蕉加3个苹果是多少水果？

我采访了一下身边其他妈妈，发现这个问题还挺普遍的。

90%的家长在幼小衔接中遭遇的阻力，都不是孩子学不会，而是孩子不愿学，正是不愿学导致了学不会。

日本有部很出名的励志剧叫《龙樱》，阿部宽饰演的樱木老师，要让平均偏差值只有36的学校里的学生考上东京大学（偏差值是日本学校的成绩排名，一般来说在25～75，36算是比较差的成绩）。他做的第一件事，是让这些学生拷问自己："你为什么要上好大学，为什么要实现这个目标？"

因为樱木知道，只有先解决思想问题，才谈得上行动。人的本性中，既有向好的一面，也有好逸恶劳的一面，这个现实我们必须承认。

从自由自在地玩耍到接受有约束有压力的正规技能练习，是从逸到劳的转变。如果孩子找不到"劳"的理由，就会认为自己是被迫的，如此便会想方设法偷懒，懈怠乃至抗拒，试图回到"逸"的状态。

所以，我开始给千寻做心理建设，我的目标是：让孩子理解为什么要做“幼小衔接”。

我猜，很多准备让孩子参加幼升小考试的家长，都是自个在忙活着对比学校、报名登记，前期孩子基本不参与，只负责努力学习，届时胸有成竹、信心满满去考试就好。然而，孩子可能连自己要报考的学校长什么样都不清楚，也不清楚为什么要考这个学校，在他的意识里，一切都只是家长的要求。

这样的想法很糟糕，会把一个孩子的内驱力压到最低值。

我改变了做法。没有直接告诉千寻要去考什么学校，而是先收集了几家意向中学校的活动实录和课程安排给她看。

不论是丰富多彩的活动，还是窗明几净的环境，亲眼看到才有向往，每逢学校开放日，我也尽量带她去参观。

感受之余，我问千寻：“想去这个学校上小学吗？”她说：“想。”

我假装为难：“可是有很多小朋友和你一样，大家都想去，学校又装不下这么多小朋友，只能通过考试筛选。那你怎么办，要参加考试吗？如果要，得辛苦准备哦。”

大概是有了之前感受铺垫的效果，她颇有信心地回应：“要，我要参加考试！”

于是我说“好吧，既然是你自己要参加考试，接下来，就要加油努力了！”

即便孩子不想参加考试，你也可以跟他讲讲小学生活。千寻很喜欢看《成长的秘密之小学时代》，这个纪录片里面有小学生活的真实展现。当千寻看到其他小哥哥小姐姐端坐教室，她会觉得，妈妈说的“调整坐姿、不要东歪西扭”的确是用得上的。

总而言之，你需要用各种方法，让孩子亲眼看见也好、亲身感受也罢，帮他建立一套解释系统。诸如“我是为了自己向往的学校努力”“看起来小学要求更严啊，我得有个准备”……类似的理由都可以。

人只有知道了为什么做，才会做得有效率。

不过，孩子即使搞清楚了为什么做，行动上也难免反复。当孩子的行动出现反复，就是最考验家长的时候了。

在千寻理解为什么要学后，依然时不时想偷懒。想偷懒时就会说："哎呀，我不要考了，以后的事以后再说吧，现在还是玩比较重要。"

这时候，最重要的是家长的心态，切忌孩子一反复，家长就泄气，把之前的辛苦铺垫都否定。要知道，有反复才是正常的，不急不躁讲策略比较靠谱。

我的策略是反其道而行之，由着孩子偷懒几天。这几天，我们还真是什么都没学，连绘本都没有讲。

几天后的一个晚上，千寻稳不住了，跑到书房来看我们在干什么，见我在看闲书，她爸在玩游戏，顿时很不满："你们给我讲故事。"我表示不愿意配合："反正你不想努力，我们也觉得挺好的，一点儿压力都没有，大家都不用那么累啦。"

孩子年幼时的逆反小心思很有意思，爸爸妈妈偷懒了，她倒变身成卫道士："不行，你们还是得给我讲故事，陪我看书！"

不过，我这方法管用也是因为有前提，千寻之前就养成了吸收的习惯，虽然没正经学什么，阅读、桌游还是每天都有的，当我们从阅读和游戏上也撤下阵来，她其实是不适应的。

如果家长平时很少陪伴孩子，那就不建议用这招，还得在其他激励措施上下功夫，具体方法，见仁见智。

话说，这场旷日持久的心理建设我足足做了两个月（其间，千寻反复了好几次），看起来好像挺耽误事，其实是后发有力。

两个月后，最明显的变化是千寻的学习效率提高了，至少没再出现约束多了就发脾气、压力大了就退缩的状况了。不论习惯养成还是知识输入，孩子一旦有了解释系统，知道为什么努力，便有了当下的动力。

这次切身体会告诉我，心理建设真的很重要。我们不能再把孩子看成懵懂无知的幼儿，他们已经变了，有自己的想法和自己的判断，同样，也有自己的小九九和消极对抗的方式。

若不解决思想上的问题，你很可能会感受到一厢情愿的痛苦。

仔细想想，幼小衔接原本只是趁小学前宽裕的时间，给孩子一个科学的、循序渐进的准备与过渡期。若缺失了对孩子的心理建设，变成家长、孩子的痛苦提前，那就脱离幼小衔接真正的价值了！

孩子一上小学，家长就没好日子过吗

关于如何做好孩子的小学适应工作，除了亲历过的家长，肯定就是战斗在一线的校长老师们最有发言权了。在这里，我将北京市朝阳区白家庄小学校长祖雪媛在新生家长会上的演讲整理出来，分享给大家。

祖校长在新生家长会上的演讲，将自己在国外的教学观察和国内学校几十年的案例分析融合在一起，给小学家长提出的建议，我感觉非常有价值，值得每一位小学家长借鉴。

以下，就是我对祖校长演讲的几点收获：

最重要的是让孩子建立自我评价体系

前几天，我跟一个家有小学生的朋友聊天，他说第一次开家长会就焦虑了，因为数学老师在会上说："我发现我们班同学的数学水平呈两极分化，一些同学水平很高，两位数内加减法都没问题了，而个别同学还是零基础。"朋友心里咯噔一声，不知道自己的孩子是不是"个别同学"中的一员……

还说现在孩子作业都在App上完成，交作业的顺序App上有记录，老师一目了然，有时会在课堂上有意无意地表扬作业完成又快又好的同学，当然偶尔也会批评拖后腿的同学。这样一来，搞得家长都很紧张，生怕自家孩子成了落后分子。朋友说："孩子一回家，他妈让吃水果，我说吃什么水果啊，先做作业吧！是不是逼太紧了？我也是没办法啊，打开家长群，看到人家孩子的作业都交了，你还能淡定吗？”

祖校长在演讲中也提到了这个问题：“孩子刚进小学就出现差距很正常，有的孩子只能认50个字，有的已经可以阅读一篇小短文了。有的孩子数数还靠掰指头，有的已经学会20以内的加减法。如果一开学，老师告诉你，你家孩子在慢的行列中，你不要焦虑更不要放弃，得有自己的评价体系。”

我觉得，祖校长说的自我评价体系应该就是基于独立思考能力之上的自我标准。通俗点说，就是你要将孩子视为独一无二的个体，别管人家怎样，我只要大方向是对的，就没必要在乎一时快慢。很多孩子，刚开始速度快，后面又缓下来，一些慢热的孩子，却很可能三年级后才发力。

帮孩子建立自我评价体系，一个很好的方法是：家长和孩子互评。互评强调了平等性，孩子更愿意参与，我们家最近才玩过一次，爸爸评价千寻，优点是“爱动脑筋，爱帮助别人”，缺点是“不够勇敢，爱找借口”；千寻也很客观地评价了爸爸，优点是“做事有条理，时间管理好”，缺点是“性格有点急，有时批评我不是很有道理”。

互评有两个好处：一是让孩子平时就习惯了点评，在学校遭遇点评时就不会太敏感；二是帮助孩子了解自己的优缺点，自己有谱了，才不容易受别人影响。

多做复盘

我们都知道，孩子一旦进入小学，就迎来了一个全新的起点。这时，家长和孩子的聊天模式也要有相应的转变。孩子读幼儿园时，我们每天问得最多的问题多半是：“今天吃什么了？有没有和小朋友闹矛盾？开不开心？”可孩子进入小学后，智力长了，思维架构也更复杂，如果聊天再停留在吃喝拉撒的问题上，这“天”就没法聊下去了。

同样是“有没有和小朋友闹矛盾”的问题，和幼儿园的小朋友聊，主要是听他倾诉，家长承担了倾听者的角色。如果是小学生，我们得和他聊：“和同学的矛盾是怎么解决的？你有什么想法？”家长的角色变成了提问者。

类似话题还有：“今天你的收获是什么？你觉得哪个同学优点最多，有没有值得你学习的地方？”是不是感觉深刻很多？其实，就是把聊天重点从“衣食住行”变成引导孩子对现实问题进行挖掘，养成深入思考、举一反三的好习惯。

还有，建议家长每周至少和孩子进行一次有关学习内容的聊天。著名的艾宾浩斯遗忘曲线告诉我们，遵循记忆规律，才能记住更多遗忘更少。小学阶段孩子的记忆特点是：短期记忆很棒，但忘得也快，这也是为什么老师每天都要求复习的原因。学习了一周之后，孩子尤其需要一次知识的全面回顾，和他聊聊这周学了什么是最好的复盘。

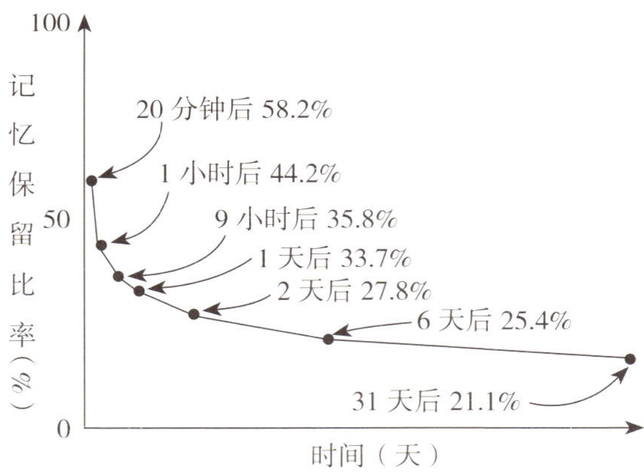

最有效的激励法是制定小目标

小学要做一些兴趣外的必要事项，这对孩子尤其是自由惯了的孩子来说，是个挺大的考验。这个阶段，孩子的意志力有限，高大上的道理也不见得能激励他们，这时候，最有效的激励方法是制定小目标。

祖校长用《孩子，你真棒！》的作者斯宾塞·约翰逊博士举例，约翰逊博士在家里制定了一周奋斗目标（注意：是一周，不是一个月或一年。小目标切忌时间跨度太长，一周是个不错的选择）。大家坐在一起达成共识，然后写下来，写得很具体，诸如我学会做菜，我读一本书，或者我把一个数学题算得特别准。

周期短、易实现，是小目标的特点。就像我们的游击战术一样，各个击破，看起来每个目标都很小，但慢慢积累起来就不简单了。

一分钟表扬法

最后需要附加一个小技巧，叫“一分钟表扬法”。

实现目标后，中国家长一般会说“宝贝你真棒，你完成目标了”，然后就没了。国外家长爱用“一分钟表扬法”，意思是一分钟的表扬里至少要包含两点，第一点是分享感受，第二点是分析原因。

比如说：“宝贝你完成目标，我感到很骄傲，很开心。”把你的感受告诉孩子，跟他一起分享，孩子才会有强烈的成就感。之后再分析为什么能做完。分析原因也适用于没有完成目标的情况，如果孩子没完成目标，不要先来一顿数落，而是要问他：“做不完的原因是什么呢？在哪个地方遇到麻烦了？我可以帮你什么吗？”

“陪娃做作业狂躁症”背后的真相

曾经，我以为只要千寻进了小学，每天早睡早起，刷牙、洗澡能自理，我就可以轻松愉悦小步迈入解放区了。但最近看了网上众多妈妈关于陪娃做作业的吐槽，我开始反思自己是不是身在福中不知福，可能和陪小学生做作业比起来，万圣节刨个南瓜灯真的不算什么！

一个家有小学生的朋友跟我分享了她的经历。

> 我自己还是老师。总感觉没教过比我儿子更蠢的学生，在学生家长面前我是育儿专家，说起教育方法来侃侃而谈！但面对刚升入小学一年级的儿子，简直无助得想撞墙。一边怀疑自己的能力，一边怀疑儿子的智商。阅读书上写的是：“冬天来了，下雪了，树上挂满银条儿！”我家孩子读的是：“树上挂满了油条……”我没忍不住大笑两声，又感觉气氛不该是这样转而有点难过，你们了解这种感受吗？

还有一个朋友，面对他儿子的一年级数学作业表示很无奈——老师让选谁最矮，他儿子毅然决然地选择了梅花鹿，理由是小兔子是蹲着的，蹦起来肯定比梅花鹿高！

其实仔细想想，错几个题也不是什么关系人生存亡的大事，为什么一陪娃做作业，就按捺不住心头的小火苗分分钟想发飙呢？

元凶之一：垃圾时间都给了孩子

经过一整天繁忙的工作，我们下班后已经是筋疲力尽，根本不想动，只想躺在沙发上看肥皂剧。但还不能躺下，因为我们还要陪孩子做作业。

在经济学的效能管理里，并不支持人无限使用意志力。因为意志力是一种能量，而且同样遵守能量守恒定律。也就是说，在特定时间内，一个人的意志力总量是一定的，如果你已经做了一件特别消耗意志力的事情，当你再去做另一件需要意志力的事情时，就会显得力不从心。

想想看，我们白天做了多少需要意志力的事。繁重的工作已经消耗了我们太多的意志力。于是，当晚上被迫坐在书桌前，看着娃歪歪扭扭的错别字，还有那讲了无数遍依然算错的答案，就算在心里默念500次“亲生的”，也难以抑制往上窜的小火苗。因为，我们的意志力已经在白天就耗光了，余下给孩子的，都是疲惫的垃圾时间。

应对策略：家长要注意合理安排自己的时间，给孩子更高质量的陪伴。

元凶之二：踢猫效应

我在心理咨询师吴在天老师的文章里看过这么一个故事。

有位父亲在公司被领导指责，心情很不爽。回家后，看到孩子在沙发上跳来跳去，就把孩子臭骂了一顿。孩子心里很窝火，就狠狠去踹身边的猫。

这个故事就是心理学上著名的踢猫效应——对低于自己或比自己弱小的对象发泄不满情绪。就是当人的情感、欲望或态度因某种原因无法直接表达，比如对方比你强大，或是理性层面知道这么做会对自己不利时，人就会把这种情绪转移到一个比较安全的对象身上，以释放自己心理上无助的焦虑感。

他又举了一个美国精神分析学家布莱克曼讲的例子。有位妈妈，因为孩子把他的作业忘在学校里，她就马上对着孩子吼：“你就像你爸爸一样！老是忘记东西！”布莱克曼说，这个女人一直为自己丈夫的漫不经心感到沮丧，而且已经持续了很长时间。这个时候，她把这种沮丧感转移到了孩子身上，于是对孩子大发雷霆。这位妈妈对孩子发泄的，其实是对丈夫的情绪。所以，当我们总是忍不住冲孩子怒吼，不妨好好看看自己的内心，是真的因为作业，还是因为你之前积累的愤怒、无助而急需一个出口？

其实问题的根源并不在孩子的作业上。狂躁的小火苗背后，很可能是还没还清的房贷、飞速向前又拥挤不堪的城市、莫名其妙的欲望、别人划定的成功标准、父母的期望值……

应对策略：面对生活的压力，家长应及时调整好自己的情绪，避免伤害到孩子。

也许，“陪娃做作业狂躁症”只是一个导火索，引燃的是现代生活中的种种压力，这些压力，伴随着年龄的增长，因为成家立业、抚育后代的责任而呈现直线上升的趋势。

家长们要保持一个乐观向上的心态，给大家几条忠诚的建议吧：

● 关于孩子作业的事还是要想开点，现在的作业很难，但将来的学习更难啊，习惯就好。

● 偶尔跟老朋友聚聚，结队吐槽、互相自黑有利于缓解生活压力。

● 多跑跑步，跑步可以增强你的意志力，助你轻松面对自己繁重的工作和孩子那些令人烧脑的作业。而且，相对摄影、高尔夫等爱好，跑步毕竟是最省钱的。

越催越慢？是因为孩子不懂机会成本

孩子做事磨蹭、拖沓，是让很多父母头疼的问题。

这不，才开学两天，就有好几个妈妈跟我吐槽，每天催娃吃饭、洗澡、睡觉，简直要搭上半条命。

开学季真的就是要命季，很多小朋友都是平时表现尚可，两个月暑假过去又“原形毕露”，更别说那些刚从幼儿园升入小学的孩子，绝对是磨蹭拖沓的高危人群。

千寻以前也挺磨蹭的，好多事情都是我火烧眉毛了，她还无动于衷。用千寻爸爸的话说：“你俩那会儿的画面也太搞笑了，超有反差感，一个是头顶悬着KPI（关键绩效指标）的女精英，一个却慢悠悠沉浸在自己的‘诗和远方’里……”

直到有一天，我自己也受不了，开始痛定思痛，总结反思找方法。其间，在一次公开课上，偶然听到斯坦福教授用经济学思维解读孩子的磨蹭问题，觉得很有新意又深受启发。

这一年多时间实践下来，也蛮有成效的，分享给大家。

孩子磨蹭又不听话时，总是让人很火大。但当我们冷静下来后，回过头去看孩子的磨蹭行为，会觉得很有意思。

比如，我以前特别烦千寻晚睡，总担心她早上起不来发脾气，或者睡眠不足影响生长发育。于是每天晚上，就跟在她身后催，洗漱玩水要叫停，床上跳舞要叫停……我累，她也不开心。

仔细想想，玩水也好、跳舞也罢，不都是孩子的天性吗？要是我不着急让她准时睡觉，是不是还会欣慰于她玩水时的专注力，跳舞时的创造力呢？

原来，让我们火大的，不是孩子的磨蹭，而是她分不清“想做的事”和“该做的事”，沉浸在“想做的事”里，耽误了“该做的事”。

孩子的思路是“我想玩水，我想跳舞，我想抓紧所有时间玩一玩”；而不是“我该睡觉了，否则明天上学会迟到。”

经济学上把这叫作：缺乏成本意识。

俗话说：“世间一切，上帝早已暗中标好价格。”每个“想要”的背后都暗藏成本。

大人理性，因为我们清楚成本是什么，做什么事不做什么事，分别会导向怎样的结果。**孩子任性，因为他们不清楚成本是什么，没有“我需要”的压力，所以肆无忌惮地沉浸在“我想要”里。**

多数时候，我们会用警告的口吻提醒孩子磨蹭的成本：“你现在再不睡觉，明天起不来，迟到肯定被老师批！”“再给你5分钟，还没吃完我就不管你了，待会儿去学校饿肚子……”

但更多时候，我们就像色厉内荏的纸老虎，丢下狠话后，又忍不住插手帮忙解决问题。

我描述下自己以前经历过的场景，大家看看是不是很熟悉：

赌咒发誓“时间一到就收餐”，可时间到了，孩子没吃完，又把牛奶鸡蛋装进食品袋，路上还要劝着喂几口。

规定21：30必须洗漱完毕上床睡觉，眼看21：40了，孩子还在卫生间里磨蹭，于是帮忙刷牙，帮忙穿衣服，有时还得把孩子抱到床上去。

后来我意识到，自己越界了，我把本该孩子承担的成本，都揽到了自己身上。她自然不会为自己的行为着急，反而觉得我帮她做的一切都是理所当然的。

催得多了，孩子还烦，觉得是妈妈想控制我、指挥我，于是我越着急，她越磨蹭，逐渐陷入恶性循环里。

理解到这点后，我开始改变策略。每次事前提醒，中途绝不反复唠叨，尽量让小家伙“自食其果”。

以早饭为例，饭前我会告诉她：“千寻，我们总共有20分钟时间吃饭，闹钟响的时候就必须出门，否则上学就迟到了。”

她自然是充耳不闻。闹钟响了，照旧早饭没吃完。只不过，这次老母亲强制自己放下各种担心，表现得比她还淡定。

当天放学接到她，千寻就开始跟我抱怨，上午如何饿得头晕眼花。我趁机强调她行为导致的后果：“听起来确实很郁闷啊，不过妈妈相信，千寻明天早饭时，只要不东跑跑、西摸摸，一定能吃得饱饱的。”（注意：当后果呈现时，不要得意地怼孩子：“看吧，我叫你……你不听，这下……”这样做容易激发孩子的反抗情绪，最好先同理，再用平静的语气把后果与孩子之前的行为联系起来就可以啦。）

我知道这很考验父母的耐性。但孩子就是这样，他们没有亲身体验过，就无法理解为什么要这么做，成本意识是需要在平时一点点练习中积累的。**一旦建立起了成本意识，孩子脑袋里就像是多了一根弦，不用大人操心，自己就会去权衡、判断。**

当我连续3天都坚持“中途绝不啰嗦，闹钟一响就收餐”，千寻也开始悄悄调整她的行为，最明显的改变就是她会突然问我，“妈妈，闹钟是不是快响了？”

她问我这句话的时候，我特别高兴。因为，这句看似简单的话，代表千寻有时间观念了，她的小脑袋里，除了“我想要”，还多了“我需要”，也明白了“什么时间我该做什么事，否则会有什么样的后果，我要为此付出怎样的成本”。

而且，成本意识的建立，不仅可以改善孩子的磨蹭行为，它对孩子整个未来的发展，都有着很重要的意义。

梁冬和吴伯凡曾在节目《冬吴同学会》的“想要和需要”这期节目里，专门探讨过这个话题，成本心智模式会影响人的一生，孩子从小就应该建立。

有成本意识的人，很清楚做一件事要付出的东西是什么，容易养成自律；而没有成本意识的人，只想“我要什么”，很少想“我要付出什么”，社会上很多“废柴”都是遵循这个逻辑过日子的。

然而，反观我们的家庭教育，成本意识的培养一直都很薄弱，现在很多小孩都不理解什么是成本。

比如，一家人出门旅行，想着要尽可能给孩子提供舒适的环境，每次都住豪华酒店，却很少有父母会给孩子多讲几句，我们为这次消费付出了多少劳动。结果某一次，没订到豪华酒店，孩子就质问：“这个房间为什么这么小？”

你暗自想，这孩子可真不懂事啊。但这不是孩子的错，是家长从来没给孩子讲过成本，他自然就觉得住豪华酒店是理所当然的。

还有妈妈跟我吐槽孩子不体谅自己：“我白天上班那么辛苦，晚上回家还要帮他整理玩具，他就不能把自己房间收拾好，给我减轻点儿负担吗？”

这个问题真实的答案是：孩子不会天然地体谅父母，如果你想让他自己整理玩具，你就需要让他体会到不整理玩具的成本。比如告诉孩子：“当你没有能力“照顾”好旧玩具的时候，我就不会再给你买新玩具。”

这就是经济学思维，相比情感导向，它更加理性，也可以说，更符合人性。

第4章

提升学习效率的六大技能

时间管理法则：搞定做作业磨蹭、拖沓的孩子

先给大家说个故事，吐槽者是我的朋友，欢迎家有小学生的爸爸妈妈们来找共鸣。

孩子他妈出差，我这个爸爸新官上任，负责监督娃做作业。对战况不熟的我刚开始信心满满，想着按这个作业量，最多 2 个小时就能搞定。然而，1 个小时后，我去书房看儿子，发现他趴在桌上，偷偷在白纸上画机器人，见我进来，还慌慌张张拿书掩住。我忍了，平心静气地跟他说，写完作业再做别的，他也满口答应。

又过了 1 个小时，该吃晚饭了，我去叫他，发现桌子上除了画满机器人的纸，又多了几个玩偶，他正在指挥玩偶演戏，作业几乎没有进展。这次，我才意识到形势严峻，大声警告他吃完饭后，必须在半小时内完成作业！

结果，到了 21：30，他还在书桌前坐着，除了英语做完了，数学、语文、科学实验统统没开始。被我一顿吼后，才一脸苦大仇深地赶作业。然而这时候，已经 22：00 了，不睡觉不行了，我又只好兵荒马乱地催他去洗漱。一下子理解了娃他妈的感受，怪不得前几天还跟我说她的梦想就是有这样一个孩子：说起床就起床，说睡觉就睡觉，说做作业就做作业，说玩就玩，说收心就收心。

想解决孩子一做作业就磨蹭的毛病，归根结底得先教会他们时间管理。

时间管理的前提：规律生活

你们可能会想：这一点也不新鲜嘛，谁不知道要规律生活？连我家婆婆都晓得，让娃养成早睡早起的好习惯，才好适应小学生活。

我要介绍的，是如何做到规律生活。这里，我要讲个好方法，时间的整体划片（在上一小节里我已经详细介绍了这个方法）。

时间管理的技巧：顺势而为

让生活规律起来，是大方向上可为的事儿。可就像伏尔泰说的，“使人疲惫的不是远方的高山，而是鞋子里的一粒沙子”，把家长搞崩溃的往往是生活中的小事，比如早晨赖床、晚上不肯按时睡觉等。

所谓顺势而为，就是用孩子喜欢的方式解决他深陷的拖延症。比如，之前最让我头疼的就是孩子的洗漱问题，感觉自己都快整成夺命连环Call了，她还窝在沙发上像只癞皮狗，一动不动。吼？吼多了就不怕。讲道理？形同空气。

学了符合人性的“顺势而为法”后，我就在卫生间搞了个播放器，把娃喜欢的音乐放起，不用催，自个蹦蹦跳跳就过来了。从此以后，洗漱变成了一件快乐的事。

这个技巧的精髓在于：转换思维。

时间管理的内化：利诱与代价

前提是基础，执行是过程，但最后我们要达成的结果一定是让孩子自己学会时间管理，也就是时间管理的内化。

如何内化？让孩子享受做好时间管理的利益，同时，承担没有做好时间管理带来的代价，这是最便捷也是最具实效的方法。

我一个朋友学了这方法。有天放学，他跟儿子说："你要是一小时把作业搞定，接下来的时间就全部由你来安排，你说玩啥就玩啥，爸爸都陪着！"他儿子在确认了老爸不是骗人后，效率前所未有的高，还真在一个小时内把作业完成了。不过，我朋友也兑现了自己的承诺，之后，"傻乎乎"趴在地毯上陪儿子玩了好久乐高。

如此反复几次后，他儿子尝到了高效的好处，做事情越来越麻利，到后面不用他利诱了，自己就开始安排："我得做作业了，做完之后就可以舒舒服服地敞开玩！"

这个方法，最忌讳是家长说话不算数。有些爸爸妈妈，给孩子保证做完作业就可以玩，结果人家好不容易做完，又好言相劝："乖宝贝，你看，时间还多，我们再做一套练习题吧。"试想，如果你高效工作的结果，就是老板给你安排更多的事，收入又没提高，你还会不会坚持高效？

我再用自家例子来说一下"后果"。

千寻跟小伙伴约好周六去玩，周五晚上我提醒她："明天你要早起出门，今晚最好早点睡哦。"但她左耳进右耳出，放飞自我去了，疯玩到22：30才终于睡着。第二天起床后，知道小伙伴早走了，气急败坏地质问我怎么不叫醒她。我心想，不切身感受"后果"，下次你怎么会注意到时间安排？果然，不爽归不爽，后来遇到同样状况，她就靠谱多了。

所以，如果你真心希望通过教育让孩子养成好的习惯，就需要接受教育的内涵：前期大量投入，中间耐心等待。想改造拖沓懒散的娃，还得回到第一步——教会孩子做好时间管理，从这里，沉下心来做起。

提升专注力：从脑科学角度，揭示专注力的秘密

专注力绝对是育儿话题中的热点，一直有读者让我聊聊孩子专注力的事情。

前几天我收到了一条留言，看完特别感慨：

> 千寻妈妈，咨询你一个问题。我家儿子4岁半，幼儿园老师反映了好几次，说他上课走神，爱做小动作，有时还会跑出自己座位，不能很好地配合老师指令。我真的好焦虑，这几天都在网上搜ADHD（注意缺陷多动障碍）的症状，担心孩子是不是正常。看到市面上有专门培训专注力的机构，又不知道是不是利用家长焦虑骗钱的，你有什么好办法吗？

回想起来，千寻也经历过这样的时期，平时我自己陪她还不觉得，一参加集体活动就暴露无遗。

记得我们刚上幼儿园时，前面几天是亲子互动课程，四组家长和孩子围坐一桌，只有千寻疯玩全场，每次我把她抓回来不到5分钟，她又会嬉笑着逃走。

老师一遍又一遍耐心地把她领回来，让她尝试跟大家一起配合指令完成互动。然而，并没有什么实际的效果。

尴尬地看着娃自顾自玩耍的我，也会担心，孩子的任何行为都不是一个孤立的点，她今天无法静下心来完成一项小任务，以后上了小学，会不会注意力不集中呢？

好在对孩子的观察，以及观察引发的疑问，一直是我在育儿路上不断探索的原动力。当我开始认真琢磨“儿童专注力”这个有点庞大的命题时，越深入越发现，我们做父母的，只是很担心孩子缺乏“专注力”，但对孩子的专注力有客观了解的父母，说实话还真不算多。

现在千寻进入小学了，常被老师夸专注力好。每天回家跟我聊天，从聊的细节里，我也能听出她上课确实很专心，认真记下了老师说的重点语句。

回看千寻“从坐不住到专注”的过程，还是有些东西值得和大家分享的，尤其是对学龄前的爸爸妈妈有一定帮助，因为大家都知道，孩子的专注力好不好，直接关系到小学的表现和学习能力。

其中我自己觉得启发最大的是，从脑科学角度出发，对儿童专注力的解读，以及一些有效的策略。

大原则：对孩子要有正确的预期

“孩子天生就爱动个不停，当我们在谈儿童专注力时，首先要有个正确的预期。”我第一次看到这句话，就被它吸引了，对担心孩子注意力缺失的家长来说，它就像一方镇静剂。

高普尼克在她的《园丁与木匠》里，通过对儿童大脑的发育特点的分析，讲述了为什么孩子在小的时候，做事情容易分心，看起来好像缺乏专注力。

受前额叶皮质和髓鞘质的影响，孩子6岁前的学习模式是“发现式学习（Discovery Learning）”，他们通过模仿、听讲和玩，尽可能地探索周围世界，不受限制。这样的学习模式决定了他们容易被任何东西吸引注意力。

孩子通常会先摸摸这个玩具，又去玩玩另一个玩具。搭积木的时候，如果身边有大孩子骑滑板车经过，孩子的目光马上就从积木转移到了骑滑板车的大孩子身上。

千寻刚进幼儿园时，不肯规规矩矩坐着，总是想要四处走动的场景，其实是这个年龄段的孩子正常的表现。

为了帮助家长更清晰地掌握不同年龄段孩子合理的专注力，专门研究孩子行为发育的网站（speechtherapycentres），根据大脑发育规律，列出了一个专注力的时间范围，大家不妨对应自己孩子的年龄看一下。

了解这个专注力时间范围的好处是，让我们对孩子的专注力有个正确的预期。

对一个3岁不到的孩子，我们不可能期望他一直集中注意力20分钟。同样，四五岁的孩子，25分钟就已经是高点，更多孩子只能集中注意力十多分钟。

看到这里，大家是不是和我一样，顿时松了一口气。

不过，话虽这么说，但为什么上学后，孩子与孩子之间专注力不一样呢？

我们首先要清楚两种情况：

一种情况是孩子做自己有兴趣的事情时很专注，只是学习时不专注。这种情况，反映的不是专注力问题，根源是情绪问题。孩子对学习是反抗的，他把反抗意识表现为走神、拖延时间。

为什么会反抗学习呢？孩子本身是有好奇心，有求知欲的。这时候，就需要我们回忆和反思下自己在孩子学习过程中所扮演的角色了，是不是存在施加太大压力和过度学习的前提。

还有一种常见的现象，就是孩子完成安排的学习任务后，说好可以玩了，但爸爸妈妈又给加量，失去信任也会导致孩子“报复性分心”。

面对这种现象，家长得率先做出些改变，有时间“逼”孩子集中注意力，不如想想怎么恢复他的学习主动性。

另一种情况是孩子很聪明，老师讲的内容他很快就吸收了，学习节奏比其他同学快，就难免走神。

这种情况，家长通过简单地观察和沟通就可以判断。

比如，虽然老师反映孩子上课走神，但他回答问题是准确的，作业和测试也都很好。跟孩子沟通时，他多半会告诉你上课没意思，这些东西都懂之类。

面对这类孩子，家长大可以放宽心，偶尔拓展下他的认知边际就好。比如，孩子觉得幼儿园讲的绘本简单，你可以问问他："同样的人物，你能设计出一个新故事吗？"

聪明的孩子就得给他更大的挑战，激发思考欲，当他意识到还有很多地方可以探索学习时，就会主动提高专注力。

排除了情绪问题和智力因素影响，孩子之间的专注力差异又来源于哪里呢？

哥伦比亚大学和Hawn基金会聚集了一批神经科学家、行为心理学家、教育家做了研究，发现孩子的专注力水平是大脑里面的RAS（网状激活系统）模块在作怪。

RAS就有点像个筛子，能帮我们筛选出重要信息。大脑里RAS模块比较强的孩子，会比较容易将注意力聚焦到重要信息上。这导致了一些孩子天生专注力就更好。

但科学家们也说了，大脑里的RAS模块，是可以像我们平时做体育运动锻炼肌肉一样，通过练习来加强的。

如何通过练习提升孩子的专注力

首先就是"减少干扰"。孩子玩耍、看书，甚至发呆的时候，大人不要没事就去插话问要不要吃东西，尽可能让他沉浸在宝贵的"心流"状态里。

这一点很多教育专家都讲过，相信爸爸妈妈们也都看过，我就不啰嗦了。

在这里我给大家分享两个易于实操的练习方法。

1. 多创设单任务场景。

卡尼曼是著名的经济学家，也是行为能力分析专家，他在著作《思考，快与慢》中提出，人的注意力资源是有限的。

打个比方，孩子的大脑就像手机，注意力资源就像内存，各种要完成的任务就是手机里的App。如果手机开了很多App，手机就会卡，会变慢，甚至死机。同样的，孩子大脑同时关注的任务过多，注意力资源就会不够用。

想想我们大人也是啊，你正在赶一个项目，老板突然催你交一份报告，同事问你昨天的报表有没有看，孩子班主任发消息让你下午去一趟……你肯定也很抓狂。

所以，帮孩子提高专注力，应该多创设单任务场景。一段时间内就只做一件事（最好准备一个计时器，让孩子清晰地感受到时间）。

比如，幼儿园中班时，我给千寻做了些时间安排。19：30～19：45，这15分钟就是单纯地阅读，读一本她提前选好的书。玩一会儿后，再来15分钟单纯的逻辑类桌游……

细心的妈妈会发现，我在创设单任务场景时，时间安排结合了孩子的专注力范围。咱们尽量不要超过孩子年龄所对应的专注力上限，这样不会给孩子造成压力，练习才能持续下去。

我坚持大概3个月后，就发现千寻的专注力提高了很多，更好的是她逐渐养成了聚焦的思维习惯，会自己主动分主次，先处理重要事情再处理不紧要的事。

2. 任务前让孩子做一些运动项目。

不论是做单任务场景练习，还是进行需要高度集中注意力的事（比如作业），在这之前，家长可以有意识地让孩子做一些“运动项目”。

这里说的“运动项目”，不是在家里随意地跳个不停，而是让孩子锻炼小肌肉，做一些有助于培养感觉统合能力的体育运动。

这个方法可能让一些家长看不懂了：孩子注意力不好，不是应该严格督促他学得更认真吗？和小肌肉练习有啥关系？

其实，专注力是知觉统合能力的一种，它与身体感觉统合能力有很大关系。一些有助于感觉统合能力提升的运动是非常好的提升专注力的铺垫。

比如拍篮球、打羽毛球，这两种运动大家比较熟悉。另外，还有两个比较有意思的运动，爸爸妈妈们也可以了解一下。

小滑板：它不是青少年玩的那种滑板，是适合低龄孩子的玩具。孩子趴在上面，张开四肢，可以提高平衡感和知觉统合能力，很多早教中心和幼儿园都在用，这种器材很简单，网上就能买到，不过建议家长陪孩子玩的时候，一定要注意安全，不要从有坡道的草坪滑下来，速度太快的话，滑板容易脱离身体。

叠杯：叠杯属于手部极限运动，不仅可以训练手眼脑协调能力，也能够通过刺激大脑提升注意力。而且，它还是国际上认可的一个竞技项目，让孩子在提高专注力的同时，从挑战中享受乐趣，还可以培养孩子的数学思维。我一个朋友的孩子，很小就玩叠杯，现在已经参加了好几场赛事，还是很厉害的。

千寻4岁左右，我开始陪她玩这个运动游戏，她超级喜欢，有时会用计时器比赛，氛围更紧张，对提高她的注意力很有帮助。

有趣的是，我们参加幼升小考试时，也遇到了这个题，看来很多学校也会通过这样的练习来判断孩子的专注力水平。

一直以来我都清楚地知道专注力对于孩子的重要性，但对孩子来说，单纯地说教不仅无济于事，还会引发抵触和逆反心，越是耳提面命地叮嘱他集中注意力，他越是集中不了注意力。

最好的办法，可能还是家长自己要放下担心，了解是什么在影响孩子的专注力，然后有的放矢地陪他们做提高练习。

当然，我分享的这些也不见得全面，毕竟专注力是个很宏大的命题，每个人的认知又都是有局限的，但如果这里的某个点可以触动你进行更多思考和探寻，我想它就是有意义的。

最后还是那句话：提升专注力，靠的是孩子的独立思考能力！

记忆力训练：给孩子适度压力

很多父母都有过教孩子记电话号码的经历，不知道你们家孩子是不是一次性搞定，反正我家千寻，教了好几遍，还是会记错。听她支支吾吾念不全11个数字时，姥姥脸上飘过一丝焦虑："这孩子，是不是记忆力不太好啊？"

我当即表示不可能，她2岁时被邻居小朋友抢走一根棒棒糖，几个月后还记得棒棒糖颜色的事还历历在目呢。只不过，我也很郁闷，想买的玩具、星期几带她出去玩的承诺统统能记住，偏偏记不住爸爸妈妈的电话号码，这是什么原因呢？

后来发生了一件很有意思的事，让我疑惑顿开。

某天，我和千寻在小区散步，遇到一个3岁左右的小女孩，大概是和父母走丢了，女孩独自靠着花坛在哭。我问她记不记得爸爸妈妈的电话号码，她说不记得，只好带到物业，物业管理人员好不容易才找到女孩爸爸，带女孩回了家。

整个过程，跟在我身边的千寻都亲眼看见，回家路上，我跟她闲聊："小姐姐要是记得她爸爸妈妈电话就好了，只要打个电话，很快她的爸爸妈妈就来接她了……"千寻支起耳朵听着，也不搭腔，一副若有所思的样子。

神奇的是，这事发生后的第二天，千寻之前老记错的电话号码忽然倒背如流了。回想她昨天认真听我掰的样儿，我严重怀疑，是小女孩走失这件事刺激到了她，她发现小朋友记不住家长电话号码还是挺危险的，这一上心，记忆力就在线了。

原来，小孩的记忆力没啥问题，记不记得住，关键看他有没有上心。

不过，如你所见，低龄小朋友一般只对自己感兴趣的东西上心。记住附近儿童乐园里有哪些好玩的项目，小菜一碟，而记住爸爸妈妈电话号码、一首诗、数学加减法之类，就成了浩大工程，时间跨度变得很长……

我不禁喟叹，要是这世界上所有技能、知识都像游戏一样有趣就好了，启动小孩的记忆系统岂不是容易很多？

无奈很多基础练习，怎么装点都难掩枯燥。就拿诗歌来说吧，我也试过把唐诗转成好听的白话文，用故事的方式讲给小孩听，孩子对内容是理解了，可还是记不住，因为诗歌文体和我们平时说的口语差别很大，理解内容只能对记忆起辅助作用，真要记牢，还得靠自己用心。

复旦大学附中特级教师黄玉峰老师，在强调语文教育就是要“死记硬背”时说过一段话：“该背的就得背，小时候你不背，难道等长大了记忆力衰退了再背吗？平时大量的阅读、大量的记忆非常重要，许多读到的内容，借过来借过去，就活了呀，东西越多越活。当你写文章用词的时候，这些东西自己就会跳出来了，苏东坡‘腹有诗书气自华’，如果你腹中没有东西，临时去想词怎么能想得出来呢？”

不只是传统教育体系里的黄老师这么看，国外的K12教育体系也一样。它们所应用的布卢姆教育目标分类框架里，学习也是分6个层次的，记忆在最下面，依次往上才是：理解、应用、分析、评价和创造。也就是说，“死记硬背”听起来不太舒服，却是基础，你脑袋里得有货，才谈得上理解和创造。

不论是黄玉峰老师还是布卢姆教育分类框架，讲出了同样的道理：**有趣的创意、快乐的学习之前，都绕不过“死记硬背”这一关。**

这就给我们提出了一个难题：怎样才能让小孩对不够有趣、不够好玩的基础知识上心，开启他们的记忆系统呢？

创造适度压力，激发孩子的记忆力

加拿大滑铁卢大学的一个研究，给了我很大启发。研究人员们招募了80名本科生，利用“抑郁-焦虑-压力量表”对他们进行评估。他们向学生出示了72张印有单词的图片，这些图片选自国际情绪图片系统，有些内容是中性的，例如一艘橘黄色的船，有些则是负面的，例如一张车祸现场的图。

结果显示，当图片传递出可控程度的压力感时，会对参与者的记忆力有帮助，让他们更好地回忆出细节，记住图片上面的单词。

“在某种程度上，存在着一种最佳的压力水平，它会对我们的记忆力有益。”该研究的共同作者，心理学教授迈拉·费尔南德斯说。

后来，研究人员提供了更加有力的证据：压力会让名为皮质醇的激素发挥作用，皮质醇能够刺激人大脑内的海马体，而海马体就是负责永久记忆的。

这表明，**适度的压力能促使人开启记忆，而且记得特别牢。**

千寻记电话号码的事，就是一个偶然因素引发压力值促使孩子记忆力提高的典型案例。之后不论我什么时候问，她都能顺溜地背出电话号码，已然成了长期记忆。

适度压力促进记忆的原理并不难理解。我们前面说过，人在上心的情况下，记忆力会因为聚焦效应变得更好。上心又分两种，一种是对自己感兴趣的上心，一种便是压力导致的上心。

小孩的记忆力大多都用在第一种上面，他们很容易记住自己感兴趣的东西，如果想让他们记住有点枯燥的基础知识，不妨用“创始适度压力”的方式来激发记忆力。

接下来，聊聊我和先生的“实验成果”。

我们用了两个场景做对比。以记诗歌为例，一种是超放松的场景，比如散步或临睡前，教千寻一首诗。第二天问，一般能记得两三句，需要再重复教一次。几周后问，还是会记错些词。

另一种是有点压力的场景。比如，三个人在家里玩诗歌接龙的游戏，这是一个有竞争机制的小游戏。

首先一个人讲出诗的第一句，下面的人可以抢答，谁记得住第二句谁就抢答，如两人同时抢答，由年龄小的玩家获得抢答机会。

最后，讲出诗句最多的赢，讲出诗句最少的输，输的人需要完成赢家要求的一件事（趁机用用小劳工，让她帮我们拿个东西、做点家务）。

游戏氛围是相对紧张的，千寻有时还会因为憋不出句子急得跳，而我和先生发现，在这个紧张氛围中接龙的诗，她统统都记住了，而且记得特别深刻。几周后问，一个错词都没有，背得也很顺溜。

再说说数感培养方面的应用。

小朋友对数字的敏感度是需要在生活中不断培养的，你不让他多接触，他看“12345……”就始终很陌生。我也会在遛弯时指着街上的门牌号，顺便来个数字教学，潜移默化的效果是有的，但后来我发现，适度压力场景下的数学教学效果更好。

现在取快递都有个取货码，由6～8个数字组成。千寻的玩具、衣服、小零食什么的，反正跟她有关的东西到货，我们都不会帮忙，她得自己把短信上的取货码告诉快递叔叔，人家才会把东西给他。

这个场景对小朋友来说是有适度压力的，她得认出取货码的数字，然后一个不落地大声念出来，念错了还得重来，不然就拿不到东西。

可以说，正是这个不起眼的小锻炼，极大提高了她对数字的敏感度，取了两个月快递，10个阿拉伯数字都能写出来了。

记住之后，理解力要及时跟上

最后，我想特意强调一下，**适度压力的确可以提高记忆的效率，记得更快更牢，但大家别忘了，孩子记住之后，理解力要及时跟上。**千寻每记住一首诗，我都会用白话文的形式给她讲一遍，也会延伸讲一些诗歌背后有趣的历史故事。数字的熟悉度提高后，我也会尽量带她在生活实践中用起来，让干瘪瘪的数字活泛起来，方便她更好地理解数量关系。

总之，仅仅记住不是目的，记忆只是第一层面，往上还有好几个层面呢，千万别搞成“为了背而背”，那就没意思了。

学会精读：用“CROWD 提问原则”开启孩子的阅读模式

在阅读之后，孩子是否能够短时间内记住故事，理解故事主旨，并根据回忆归纳总结出“人物、地点、发生了什么事”呢?

要做到这些，平时的阅读就得多练习，加入有意识练习的阅读，被称为“精读”。

泛读和精读呈递进关系，刚开始是泛读，以兴趣为出发点，享受阅读乐趣，慢慢地，就会发展为精读，以“知识型”的记忆、理解和思考为目标。

每个孩子在阅读方面的发展进度不一样，如果孩子已经有了泛读基础，其实是可以进入以获取知识为主的精读阶段了。如果能在5岁左右开启精读模式，近看对幼升小面试有帮助，远看对小学阶段写作文也大有帮助。不过，泛读很简单，投入地和孩子一起享受阅读乐趣就好。精读该怎么读呢？是否有可以参考的示范方法呢?

“CROWD提问原则”是美国国家阅读委员会推荐的精读方式，也是长期从事儿童语言发展与教育研究并著有《学前儿童语言教育》的周兢教授极力推崇的“学龄前儿童阅读模式”。

接下来，我就用绘本《100层的巴士》为例，来详细说明“CROWD提问原则”到底如何操作，希望能更好地帮大家理解和实践。

C：Completion 让孩子完成内容的提问

这是让孩子帮忙完成整个句子或者故事内容的提问。以《100层的巴士》这本书为例，第一页是一个巴士司机的日常，我们可以提问：“星期二的早晨，巴士司机喝完茶后又干了什么呢？”让孩子通过自己的观察和思考来回答问题。

这种问题一般都不难，孩子就算不识字，也能通过图画猜出来。当他们看见图画上司机的动作，一口就能答出：“他喝完茶就穿上了外套，然后上了一辆双层巴士！”

补充内容的提问，是为了开启孩子的小脑袋，让他们自发、主动地投入故事内容中来，而且，类似的问题往往很简单，正因为简单，孩子一下子就能看到想到，有足够的自信心和积极性，大声讲出来！

R：Recall 帮助回忆的提问

Recall翻译成中文的意思是“回想”，顾名思义，它是指帮助孩子回忆故事内容的提问。千寻读书有个好习惯，就是重复，同样一本书，她会看上一二十遍，比如《不睡觉世界冠军》这本绘本，她前后加起来，整整读了50多遍。重复的好处是每本书的内容都被她吃透了，好几个月后，你若问到故事情节，她连哪个故事角色穿着什么款式的衣服都能记得，也记得每个人物的喜怒哀乐。

这个好习惯的养成，就是从Recall式提问开始的。我很喜欢在她读完一本书后，装作自己已经忘掉的样子，问她：“咦，你还记得巴士司机为什么会开启大冒险吗？还有，巴士100层庆典之后，不堪重负挂掉了，车上的乘客是怎么得救的呢？”

我的目的很简单，就是想让她学会像牛一样的“反刍”本领，通过回忆把刚刚读过的内容重新梳理一次。这类型的提问，有助于孩子巩固故事里学到的知识点，还能够增强他们的记忆力和逻辑推理能力。

我一个朋友，她女儿去年刚参加了一所知名私立学校的面试，说是其中有道题就是让孩子复述故事内容，老师先讲一遍，孩子再通过回忆独立复述一遍，竟和Recall式提问不谋而合。

O：Open-ended 开放式的提问

“O”是Open-ended Question，是问孩子与书本内容有关的“开放式问题”。所谓开放式问题，就是没有标准答案的问题，目的是发散孩子的思维，鼓励他们大胆发挥想象力，天马行空的点子，能飘多远就飘多远！这种提问方式可以说是所有小朋友喜闻乐见的，每次在绘本馆讲故事，只要提出开放式的问题，小朋友们就自动进入了抢答模式。

比如，在讲解《100层的巴士》这个可爱又很有创意的故事时，我们可以学习故事里那个不按常理出牌的司机，提一些创想式的问题：“千寻，如果你是巴士司机，你打算把它开到哪儿去呢？ 如果你住在第100层，你打算怎么设计它？你希望你的楼下住着谁呢？”

这样的开放式提问千寻很有兴趣，提供了好多有趣的答案，比如，要把巴士开到沙漠，再在第100层建个无边际游泳池，让沙漠里的小动物们统统上来游个泳……

一般想象力丰富的孩子，写出来的作文自带灵气。前段时间，有本书叫《孩子们的诗》很火，书里7岁姜二嫚的小诗《灯》只有短短的两句：“灯把黑夜/烫了一个洞。”大多数人只看到夜幕中灯火闪烁，姜二嫚却从灯的视角看到了整个夜幕，大胆地想象，让这首诗一下子活了。

W：Wh-question 特殊疑问

特殊疑问主要是针对构成故事内容的几大元素，比如，是什么（What），在哪儿（Where），什么时候（When），为什么（Why）。故事主角是什么，故事发生在什么时间什么地方，故事发生的原因等。它主要的作用是帮助孩子认识一些新的词汇，梳理故事的逻辑框架。

以《100层的巴士》为例，你可以问孩子："故事发生在哪儿，故事主角是一个巴士司机吗？巴士司机是什么时候忽然想要来一场说走就走的大冒险的？"当孩子找出这些问题的答案，整个故事的脉络以及人物角色就十分清晰了。

这类提问对孩子小学阶段的写作非常有帮助，写作之前，不是一般都要先在脑海里构架一个简单的逻辑链、故事人物、时间地点之类的嘛，阅读时我们经常问孩子一些相关的问题，帮助他们养成梳理几大要素的习惯，就相当于不断地重复写作前的框架练习。

D：Distancing Question 延伸式提问

"D"是Distancing Duestion，书本以外的延伸问题。延伸式提问，目的是帮助孩子将书中内容与现实生活中的实际联系起来，它不只是知识性的问题，更多的是经验性的问题，或者是启发思考的问题。

在《100层的巴士》里，巴士司机觉得每天一成不变的生活太没意思了，于是想要开始一场打破常规的冒险。我会问千寻："你有时会不会也和巴士司机一样，觉得每天在同样时间起床、同样时间出门、同样时间去学校有点无聊？"

她说有时候会觉得无聊，有时候不会。我说如果很无聊，我们是不是可以学学巴士司机来个自我调剂，改造一下平淡的生活……我们会从绘本内容延伸出去，有时是交流些更深刻的东西，有时是探讨某个主题，主要目的是启发孩子去独立思考。

又比如，故事里的100层巴士，每一层楼都有不同特色，有的露天阳台可以喝茶晒太阳，有的还养了小动物，这些楼层里的场景都很贴近孩子的生活。不妨问问小朋友：“如果让你来设计，你会装饰一个什么样的家，家里面会放些什么东西呢，你想要邀请谁来和你一起住？”慢慢引导孩子说出他心目中理想的生活。

总之，延伸式提问很灵活，家长可以根据绘本的实际内容来自主把握，你可以延伸一些哲理的讨论，也可以延伸出生活常识。

有些家长可能会担心，在阅读过程中使用提问法，会不会影响孩子的阅读体验呢？其实，我们完全可以把兴趣阅读和知识阅读，也就是泛读与精读之间的距离拉近一点儿。

比如一个男孩子，他会因为对恐龙感兴趣，去读和恐龙有关的绘本，而当他拥有很多恐龙的背景知识后，他又会因为渴望学习了解更多关于恐龙的东西而精读。泛读和精读是相辅相成的，泛读为精读打下了基础，精读又能促进更多的泛读。

最理想的，当然是将这两种阅读方式的内涵与特性一起发挥出来，相辅相成、相得益彰！

淘金式学习法：学会提问比知道答案更重要

很多父母眼中的“问题”孩子不仅没问题，反而还具备成为牛人的潜质。

比如莎士比亚，一提起他，大家就会想到那个很著名的问题：“To be or not to be? That is a question.”（生存还是死亡？这是个问题。）然后，伟大的剧作家诞生了。还有大家都熟悉的爱因斯坦，有一天无聊晒太阳，看着天上的太阳，看着看着就冒出了一个问题：“我能不能追上光呢？”然后的然后，相对论就此创立……

为什么牛人们小时候都是善于提问的“问题”孩子呢？

因为善于主动提问不只是我们眼见的一个简单行为，它代表的是一种思维方式。

接下来，我就与大家聊聊不爱提问和爱提问代表的两种思维方式。

在博林格林州立大学杰出经济学教授尼尔·布朗和美国著名心理学博士斯图尔特·基利写作的《学会提问》一书中，提出了不爱提问的“海绵式思维”和爱提问的“淘金式思维”这两种思维方式。

“海绵式思维”就像海绵和水的相互作用：吸收，它的优点是能够更迅速地吸收更多知识，因为“海绵式思维”是被动的，不需要绞尽脑汁冥思苦想找问题，只要注意力集中和拥有不错的记忆力，很快就能吸收得满满当当。

但如果你的目的是培养一个有思想的孩子，“海绵式思维”就存在严重的缺陷：在信息爆炸的时代，它不能教会人做出独立判断。

如果一个孩子始终是“海绵式思维”，他将始终相信吸收到的信息，而不是质疑、探索。对于个体来说，成为别人思想的木偶是一件可怕的事，这意味着你的认知是吸收的结果，而不是来自自我理性的判断。

“淘金式思维”是“海绵式思维”的升级，这是一种充满主动性的思维方式，不再是一味地吸收，而是带着问题去聆听，这个过程充满互动，需要孩子主动参与进来。这种思维表现出来的就是：孩子能够主动提出自己的问题。

在课堂上，我们能够轻松辨别出两种不同思维方式的孩子。

老师在台上讲的时候，两种思维的孩子都认真听着，埋头做好笔记。两人的笔记明显不同，海绵式思维孩子的笔记，往往结构清晰，能在一个大主题下面条理清晰地列出重点；而淘金式思维孩子的笔记，没有大段摘抄，只有寥寥数语和一些箭头符号，寥寥数语写的是问题，箭头符号连接着不同的问题，如同一条探宝之路，每个问题都是一个线索，指向某种可能的答案。

学会提问比知道答案更重要

当孩子从不爱提问的“海绵式思维”升级到主动提出问题并积极寻找答案的“淘金式思维”后，会具备什么优势呢？

我想起一个故事。一个妈妈正在厨房洗碗，她的小儿子忽然跑过来问：“妈妈，你说月球上面会有什么呢？”妈妈说：“我也不知道，你为什么不自己上去看看呢？”小儿子蹦蹦跳跳，得意地说：“我要跳到月球上去。”

这个小男孩长大以后，成了第一个踏上月球的人，留下了那句响彻太空的经典名言：“这是个人迈出的一小步，却是人类迈出的一大步。”他的名字叫尼尔·奥尔登·阿姆斯特朗。

不是每个爱提问的孩子都能成为踏上月球的人，但爱提问的孩子，一定能想到更多别人所想不到的。除此之外，爱提问带给孩子的优势还很多，《学会提问》作者总结出了更深远的三层境界：

第一层，善于提问的人能够建立更强大的沟通关系。因为提问，才能了解对方的价值观，发现对方内心的想法。

第二层，善于提问的人能用反思激励自己。因为人们总是善于通过“你从中学到了什么”这样的提问带来积极的行动。

第三层，善于提问的人能认清自我。说到底，孩子的人生道路上为什么要这样或者那样做，取决于自己给出的答案。

如何让孩子爱上提问

那么，大家一定会问，要怎样做才能培养出孩子喜欢主动提问的习惯呢？毕竟，也不是每个孩子生来就是“十万个为什么”。

如何培养孩子喜欢提问的习惯？

我总结出了三个不错的方法：

第一，没有问题就是最大的问题！

孩子问的问题上天入地，从来不走寻常路。我家姑娘最近看动画片《黑猫警长》时问：“妈妈，你说黑猫警长会和白猫卫士结婚吗？”真是脑洞开到外太空去了。这时候，我要是说：“你怎么会有这种想法？太离谱了！”估计我们就没法愉快地交流了。

所以一定要保持良好的心态，哪怕觉得孩子的问题离谱得要命，也要稳住，用对待工作汇报一样认真的态度对待。你如果看过耶鲁或者哈佛的公开课，会发现学生提问时，不管水平高低，老师第一句话都是：“问得好！”相比问题本身，保护孩子提问的热情更重要。名校老师们常常遵循的一个准则就是：没有问题就是最大的问题！

第二，把一个问题变成无数个问题。

散步时，听到一个男孩问他妈妈：“妈妈，为什么鱼在水里游呢？”男孩妈妈立即回答：“鱼本来就只能在水里游，没有水就活不了。”然后，就没有然后了。对爱提问的孩子来说，可能会打破沙锅问到底，但对不爱提问的孩子来说，也就止步于此了。这个时候父母正确的响应姿势应该是把一个问题变成无数个问题，让问题“多飞一会儿”。

“为什么鱼在水里游呢？”

“对啊，为什么鱼就在水里游，而鸟就在天上飞呢，怎么鸟不到水里来游？你觉得为什么会这样呢？”

孩子主动提出问题的时候也是他学习热情最浓的时候，抓住这个契机，传递给孩子知识，效果可是平日的几十倍！

第三，为孩子打开一扇门。

不是每个孩子都是小嘴忙不停的“问题”宝宝，有时候，孩子就是没问题，怎么办？

千寻3岁的时候，我带她去了一趟广西涠洲岛，涠洲岛的鳄鱼山公园里有个火山口，因为特殊地貌，靠海的岩石上有许多大小不一、积满海水的洞。

我满以为姑娘会对这火山地貌爆发出无限好奇心，问题不断。结果，的确问题不断：“妈妈，怎么这么热啊？”“妈妈，我们什么时候回去啊？”

我想了想，问她：“你看见那些洞了吗？它们可不是普通的洞，是海盗藏宝藏的地方，我们要不要去探个险？”姑娘来了劲，从洞里掏出些小贝壳，大叫：“这是海盗项链上落下来的！”……各种想象力开始爆棚，在她来劲后的探索过程中，我们再通过问答，了解了火山地貌。

我发现，孩子天生具有好奇心，但受认知限制，有些东西他们想不到，好奇心躲在一扇他们自己也看不见的门里。这时候，如果我们发现了有趣的点，不妨帮孩子“打开一扇门”，引出他们的好奇心，孩子的问题就会源源不断。

长期以来，我们特别重视对知识的掌握，却忽视了比具体知识更重要的，是人的探索精神。

好奇心、想象力、批判性思维乃至哲学思辨，都包含在这宝贵的一问中。提出一个好问题，意味着知识、经验和观念可能迈进一步，一旦获得答案，行动力就蕴藏其中，这体现了孩子的学习深度。在他们的课程中，有个很重要的部分是研讨课（Seminar），就是让孩子针对学习内容发问，通过互动加深对问题的理解。

通过倾听孩子的提问去感受他的兴趣所在，这也是判断他的学习程度的好方法，因为它其实正契合了教育的本质。正如哈佛大学流传的一句名言：“**教育的真正目的就是让人不断地提出问题、思索问题。**”

参与式学习法：让孩子数学开窍的小练习

上周末，到朋友家玩，喝着咖啡聊着天时，突听书房传来一声吼："这么简单的题，你都算不出来吗？"原来，是朋友的先生在辅导小孩学数学。

爸爸问孩子5加2等于几，孩子说等于7，再问5加多少等于7，孩子就不知道了。

不就是问号换了个位置吗，怎么就转不过弯了呢？

面对娃的不得要领，有经验的爸爸妈妈会跟你说："别急，孩子就是没开窍，不妨做些有针对性的练习，一旦开窍孩子的计算能力就突飞猛进了。"

数学启蒙小练习

说到这里，我就想到了之前陪千寻玩的一个"数学开窍"小练习。

练习前，对于干瘪瘪的加减法算式，千寻也是一副不开窍的状态，不仅计算速度慢，答案也常不靠谱。

练习之后，好似打通了任督二脉，顺利搞定基础加减法。

这个开窍小练习，步骤不复杂，但里面的学问却很大。我用它给千寻做数学启蒙，效果非常明显！关键是，操作起来也很简单。

道具很简单，一包教学用的小棍（一般文具店都能买到）和数学桌游中的数字牌（也可以用纸牌代替）。

怎么练习呢？你只需要列出一些加减法的题目，引导孩子借助小棍和数字牌来完成题目。

我用“8 + ？ = 10”举例：

第一步：小朋友先摆出10根小棍，按算式的分布，往左边挪动8根小棍，右边很显然剩下了2根小棍。

第二步：让小朋友把数字牌放到小棍下面相对应的位置。（我用了桌游中的数字牌，大家操作时可用纸牌代替。）

第三步：根据第二步的数字分布画出简单的格子图，像这样：

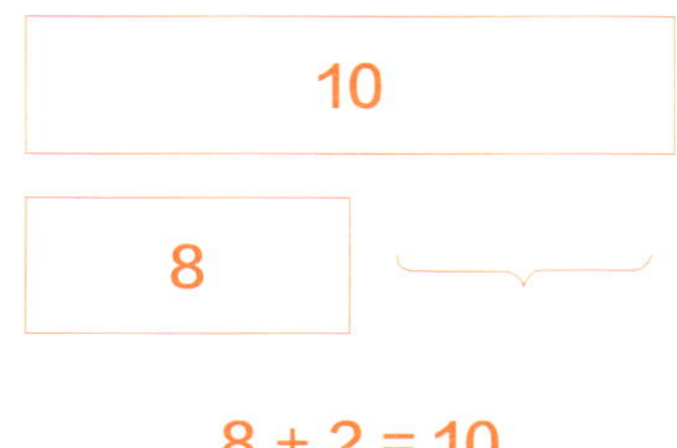

第四步：在等式中填上你的计算结果。

$$8+?=10$$
$$8+2=10$$

减法的练习也一样，比如“7－？＝3。”

孩子可以先摆出7根小棍，往右边挪动3根，一目了然，得出答案。

后面的步骤我就不一一罗列了，大家可以根据加法的练习方式来类推。

“数学开窍”小练习里的秘密

这个“数学开窍”小练习看起来很简单，不就是摆弄几根小棍和数字牌，再画个格子图嘛。

其实，这里面的学问可大了。所谓开窍，是一个帮孩子捋清数学思维的过程。从具象到抽象与具象的结合，再到画图建模过渡，慢慢去掉具象化，直至完全抽象，让孩子的思维逐层递进地变清晰。

对孩子来说，建立清晰的数学思维太重要了！只要数学思维建立了，后面你100以内加减法、乘除法都没问题。

所以，我宁愿慢一点儿，尽量去模仿孩子的步伐，感受他们的难处、他们的困境，找合适的方法帮其捋清思维。数学思维一旦建立，孩子距离开窍也就不远了！

接下来，就让我们看看“数学开窍”小练习是如何打开孩子的理解困境并帮孩子建立数学思维的。抽象的数字具象化，孩子理解更容易。

不知道大家有没有过这样的经验，指着盘里的水果问孩子："2个苹果和3根香蕉，加起来是多少？"孩子一口就能答出："5！"直接问孩子："2加3等于几？"孩子反而没那么快得出答案。

这是因为，孩子在7岁前对抽象数字的理解都是困难的。

按照儿童心理学家皮亚杰对孩子智力阶段的划分，4～7岁是直觉思维期，这个阶段的孩子，倾向于眼见、手摸的具象，对数字、算式等干瘪瘪的抽象事物，没什么好感。

当我们想让孩子理解抽象数字时，不妨先将数字具象化。

参与式学习，让孩子的记忆更深刻

小练习之前，千寻也上过几堂网课。网课上，老师讲了"凑十法"，平心而论，讲得还是十分浅显易懂的。但论效果，还是不如孩子自己亲眼看、亲手操作的小练习。

为什么呢？这和我们记忆系统的特点有关。人的大脑会在第一时间提取自己亲眼看见、亲身经历过的记忆，这个优先级远远高于了他人传递给你的信息记忆。

这就是为什么我们推崇教育一定要重实践的原因。

我一直很认同参与式学习。因为行为经济学助推理论（Nudge Theory）也强调了管理存在的意义就在于减弱对抗性，提倡人的高度参与，将其用到教育上，就是鼓励孩子作为主体的积极参与。

参与式学习，能增强孩子的长期记忆。在小练习中，孩子需要自己亲手操作，摆出小棍，画出格子图，比起之前纯粹地听课，记忆更深刻！

第5章

成长型思维：打造孩子的未来竞争力

比“虎妈”“猫爸”更靠谱的是“海豚型”家长

严厉的“虎妈”和无为的“猫爸”想必大家都不陌生，可你知道什么是“海豚型”家长吗？

毕业于哈佛大学的希米·康医学博士，在她的著作《海豚育儿哲学》中提出了一种新的育儿理念——充满智慧的、热爱玩耍与社会生活的海豚式育儿法，采用海豚育儿法的家长被称为“海豚型”家长。

《时代周刊》《华盛顿邮报》《读者文摘》《今日心理学》等数十家国际媒体曾联合推荐这本书，“海豚型”家长的概念也得到了广泛认同。

小测试：你属于哪种家长

在和大家分享海豚式育儿法之前，我们有几道简单的题，可以帮助大家先测试一下自己属于哪种类型的家长。

问题1　今天是个法定假日，孩子们都不用上学。他们兴奋得要命，可你却感到特别疲乏无力。此时你会：

A. 命令孩子待在他自己的房间里玩，不许吵闹，不许打扰爸爸妈妈休息，然后把卧室门关紧。

B. 让孩子愿意怎么玩就怎么玩，自己躺在沙发上歇着。

C. 跟孩子解释自己觉得很不舒服，请求他玩闹时注意一下，因为爸爸妈妈需要好好休息。

问题2　孩子把自己的房间弄得乱七八糟，一地狼藉，但是他却打算先跟朋友们去看电影。此时你会：

A. 责令他立刻清理房间，否则看电影的计划取消。

B. 不打算多管，毕竟这是他自己的房间。

C. 帮忙稍微整理一下，但坚持要求他在看电影回来后立刻清理干净。

问题3　你在做巧克力蛋糕，孩子在一旁。你告诉他绝对不可以偷吃巧克力，不然就不够做成一个蛋糕了。可是，当你一转身，发现他巧克力吃得满脸都是。此时你会：

A. 冲他大喊大叫，让他立刻回到自己的房间去，而且剥夺了他吃巧克力蛋糕的权利。

B. 赶紧抓起手机，给他拍了张照片，他满脸巧克力的样子实在是太可爱了。

C. 用比较温和的语气责备他，却在他没看到时自己偷乐一下。

问题4　你有好多衣服要清洗，之后还要打扫整理厨房。此时你会：

A. 在你忙活时，让孩子背诵乘法表，毕竟要想上好大学，时刻努力学习总不会错的。

B. 让孩子坐在电视前，看一整天动画片，这样至少他能保持安静。

C. 邀请他作为你的小助手，帮忙一起洗衣服和整理厨房。

如果你大部分选择了“A”，那么你就是“虎妈型“家长。

如果你大部分选择了“B”，那么你就是“猫爸型”家长。

如果你大部分选择了“C”，恭喜你，你是“海豚型”家长。

“猫爸”是“虎妈”的反面，对孩子没有期待、从不设定清晰的规则和界限。在这种散漫教育下长大的孩子会因为缺乏必要的引导和规则而盲目自大，对事物缺乏敬意，学业表现不佳。更糟的是，缺乏自控力的他们往往比其他孩子更容易陷入危险境地，做出一些伤害自己的举动，比如酗酒和滥用药物。无为的猫爸，对孩子放任自流，可是，当你知道参与一个生命的成长是做父母的最大责任时，你还会对孩子视若不见吗?

“海豚型”家长是合作型家长，将经济学中的“理性、合作”融入教育。既没有“虎妈”的控制，也没有“猫爸”的消极。他们有自己的原则和期望，又重视孩子的自主性。既认可学业上的成就，也看重长远的东西，比如孩子是否能找到平衡，拥有努力上进且自信快乐的能力。

“海豚型”家长培育出的孩子具有创造力、批判性思维、交流能力和协作能力，希米·康博士将这些技能称为“全商”，这也是拥有来自全球60个不同机构250名研究者的组织“21世纪技能评估与教育计划”定义为21世纪人才的四项基本技能。拥有这些能力的孩子是属于未来的孩子，他们将快乐健康地迈向成功。

看到这里，也许你会说：“我承认‘海豚型’家长更靠谱，可是很遗憾，我并不是一个‘海豚型’家长。”没有关系，因为幸运的是，我们每个人心中都藏着一只海豚。送给大家一个小锦囊，当你在处理孩子的问题时，如果能坚持这四个小步骤，藏在你心中的海豚就会慢慢浮现。

◆ 首先，请平静下来，停止责骂。

◆ 接着，请与孩子产生共情，让他们知道，你理解他，并永远和他站在一起。

◆ 然后，请确定孩子的目标是什么，而不是你的目标是什么。

◆ 最后，相信孩子会取得成功。

“海豚型”家长的六大育儿方式

希米·康博士（Shimi K. Kang，M.D.）曾在一篇文章中，记录了她妈妈的育儿方式，她的妈妈正是一位“海豚型”家长。接下来，希米·康博士向我们复述了她的亲身经历，让我们来看看“海豚型”家长是如何教育孩子的。

“海豚型”家长看重平衡和协作

我妈妈不是控制型的“虎妈”，也不是消极的没有方向感的“猫爸”。我的妈妈在这些极端中追求平衡，坚定但也灵活。她会有规则和期望，比如期望我们能自律且学习好。但她也很重视我们的自主性，个人的爱好和独立的选择。

“海豚型”家长不会给孩子过度的时间压力

我妈妈相信聪明的人绝不是最忙碌的人，而是最平和的人。她很害怕匆忙的人生。我看到有太多的孩子夜不能寐，压力山大，仅仅是因为父母强加给他们的忙碌的计划。

“海豚型”家长不会对孩子过度指点

我妈妈看重学校的学习，也看重现实生活中的其他学习，她尊重我选择的学习方式，从不对我的人生过度指点。我在爸爸的出租车上为乘客找零，从而学会了数学；我做翻译，从而学会了拼写；我从玩耍中学到了很多，直到我成为自我激励方面的专家。我意识到玩耍的力量，玩耍直接关系到前额皮质的发育，帮助孩子发展社交、智力和情感方面的能力。

学校之外的学习也让我明白了一个道理，生活在真实的世界里才能让我为真实的生活做好准备。

“海豚型”家长不会给孩子过度保护

当然，我的妈妈会保护我免受严重的伤害，但她不会隔绝我面对生活的起起伏伏。她允许我犯错误，我犯过很多错。她不会在我遇到挫折时来救我。我妈妈常说：“这是你的选择，如果不如人意那也是你的责任，你得想办法处理好。”

“海豚型”家长会营造一个互相支持的环境

社交和协作是我们文化的核心，“海豚型”家长鼓励孩子们互相帮助，从而形成必要的社交技能、性格、价值观和社区的概念。我妈妈希望我有独立的人格，但又能保持和家庭及社区的充分链接。她期望我的生活是平衡的、有意义的、有追求的健康生活。

“海豚型”家长看重适应性

她不会按一个模式来养育她的5个孩子，也不墨守成规用老方法来面对逐渐长大的孩子们，她总是注意调整自己去适应成长中的孩子和日新月异的环境。

犹太家庭的“海沃塔”聊天模式

千寻刚满1岁的时候，我遵循儿科医生的建议——“让孩子成为小话痨，大人先变成大话痨”。那段时间，每天带她出门，我就会一直跟她说个不停：

> 千寻，快看，汽车，汽车跑得好快呀。
>
> 好大一棵树呀，这棵树好高，下边还有小花。
>
> 千寻，抬头，树枝上有一只小鸟。
>
> ……

就这样不厌其烦地天天说，千寻终于在2岁左右迎来了语言爆发期。

不过，那时和千寻的聊天，大多数时候是我的“独角戏”。我说得很多，她哼哼唧唧，吐出含混不清的词语和七零八碎的短句。我们的聊天以“认识物品”为主，属于“无意识聊天”。

但千寻3岁后，我发现，她掌握的词汇量增加速度很快，说话明显溜了，再加上智力也有增长，以前理解不了的话，现在可以去琢磨、消化。我们之间的聊天就开始变得有趣，也多了斗智斗勇的成分。

比如，在高的滑梯上，她有点胆怯，一定要牵着我的手一起滑下去。我逗她：“你是不是害怕呀？”她却说：“我才不害怕呢，我们是好朋友，所以要牵手一起滑！”虽是顾全面子的借口，竟让我无言反驳。

类似这样的对话还有很多。

但当时，我只是单纯地乐在其中，并未有意识地让话题“再深入点儿”。

后来我在学金融期间，无意接触到了犹太精英家庭的教育方式——“海沃塔”。

海沃塔（Havruta）式教育，是犹太家庭培养了无数杰出人士的教养秘诀，也是扎克伯格创办Facebook的源头，除了扎克伯格，还有很多牛人，如谷歌公司创始人拉里・佩奇、谢尔盖・布林，英特尔公司创始人安迪・格鲁夫，甲骨文软件公司创始人拉里・埃里森，还有阿尔伯特・爱因斯坦、西格蒙德・弗洛伊德、史蒂芬・斯皮尔伯格、乔治・索罗斯，都是“海沃塔”式教育法教养出来的孩子。

Havruta的意思接近英文单词Fellowship，即伙伴关系。表示两人一组，通过提问、回答、对话、讨论来研究、学习某个问题。用在家庭教育中，就是把父母与孩子的简单聊天变成提问和讨论，让聊天富有含金量。

你可以把“海沃塔”理解为犹太精英家庭中父母与孩子的聊天模式，他们的聊天不是闲话家常，而是有意识的每天固定时间的头脑风暴。

这次学习对我触动很大，深入了解这个教育方式后，我发现：**精英家庭与普通家庭，在与孩子聊天这件事上有很大区别，差距就在于是否“有意识地”让话题深入。**精英家庭秉行的是海沃塔式“有意识聊天”，而普通家庭父母虽然也和孩子聊，但聊的质量不一定高。

聊天质量不高的两个表现

敷衍式聊天。看起来也在和孩子聊天，却心不在焉。我曾在路上看到一个孩子，追着父母问东问西，但他的父母一个在玩手机，一个好似在想自己的事情，便用简短的语气词搪塞孩子。这样的聊天，不要说深入了，连交流都谈不上。

没有营养的聊天。不会在交谈中注意到表达的逻辑和条理，更不会有意识地加入想教会孩子的认知或思维方式。当时的我，就是个典型例子。当千寻说“我才不害怕呢，我们是好朋友，所以要牵手一起滑”时，我明明可以再多问几句，如“为什么好朋友就要一起牵手滑呢？如果我不愿意，那我们就不是好朋友了吗？”这样的问题，我们的聊天会变得更深刻，而不是止步于她的小借口。

学习“海沃塔”后，当和千寻聊天时，我脑子里就像多了一根弦，常常会有意识地让话题深入一点儿。

随着我们讨论的面不断拓展，甚至颠覆了我最初的认知，我之前以为孩子就是孩子，跟他们讨论的话题一定要是简单的、肤浅的。其实，一些深刻的认知，孩子完全可以理解，即便今天不能理解，当他成长到某个阶段时，就会忽然参透。

那么，在日常生活中，我们要怎样才能做到“海沃塔”呢？

确立一个“海沃塔”时间

在犹太家庭里，周末的安息日是全家的聚餐时间，也是一起“海沃塔”的时间。家长不会叫小朋友“好好吃饭，别说话”，而是边吃边讨论各种问题。

我们可以根据自家的实际情况，来建立“海沃塔”时间。一般来说，有两个时间段比较合适：一是孩子放学后，家长接到孩子后走路或者开车回家途中，与孩子共处的时间；二是晚餐时刻，放松的氛围有利于自由讨论。

确立固定的时间，最大好处是，当你在心理上将这段时间划归为和孩子认真交流的时间后，便会有意识地放下手机，停止处理个人事务，屏蔽外在影响。无形中，因为你的集中精神，交流质量会提高，这为创设一段有营养的聊天打下了基础。

在聊天中应做到聊开、聊透、聊High

2006年，布兰迪斯大学发表过一份研究报告，名为《海沃塔学习理论》（A Theory of Havruta Learning）。这份长达40页的报告仔细总结了对“海沃塔”的观察研究，并提出“海沃塔”不是随便瞎聊，更不是家长里短，而是包含了三个核心练习：倾听和表达，探索和聚焦，支撑和挑战。

倾听和表达（Listening and Articulating）——聊开

这是“海沃塔”的基础，就像汽车的引擎一样重要。比如，放学后，千寻跟我说：“今天我到游戏区玩橡皮泥时，老师说不可以，因为不是在规定时间里。”一般父母会说：“在不允许的时间内，的确不能随便过去玩啊，既然老师说了，那我们下次注意吧！”这样的回答，我把它称为“结论式回答”，一旦下了结论，就堵住了孩子表达的可能性。如果换成提问式：“那你当时是怎么做的呢？是听老师的话，从游戏区里乖乖出来，还是会反抗一下？”

这下，孩子才继续有话说了。家长先学会倾听，孩子才会有表达的欲望。

倾听，是先关掉你内心的说话声。（不急着下定论，或马上给出解决方案。）

表达，是用开放式提问的方式，让孩子“多说一点儿”。

完成这一步的标准：孩子的参与度提高，即孩子愿意说出他的更多想法。

探索和聚焦（Wondering and Focusing）——聊透

在集中注意力、围绕主题的同时，探索最大的相关可能性。

真正的“海沃塔”是深思的、有营养的、有逻辑的。这就像汽车的方向盘，会决定聊天的方向。

打开话匣子后，千寻说：“嗯，我反抗了一下，我告诉老师我不是去玩橡皮泥，我只是去看看小朋友的玩具还在不在，不要被妖怪偷走了。”

显然，孩子为了逃避老师的责备，找了个小借口。这时候，如果父母专注在处理事情上，很可能会批评孩子耍小聪明的行为。

但“海沃塔”的要求是：探索更多可能性，深入思考。

所以，我说：“你挺厉害嘛，还知道为自己违反规则的行为找理由。这个理由，的确可以稍稍降低老师的不满。”

这是探索，用“肯定性语言”赢得孩子更多可能性的深入思考。

话题慢慢朝更深的地方发展……（其间，她多次插话，说其他她想表达的话题，却被我重新用与原话题相关的问题带回来。）

这是聚焦，由你来主导聊天的方向。把孩子的注意力集中到你们的聊天主题上来。孩子的思维是跳跃性的，很散，聊着聊着可能就扯到别的地儿去了，有些好动的孩子聊几句会跑走玩耍，或者被其他外界因素吸引。这时，需要你不断拉他回来，回到有逻辑的交流中。

完成这一步的标准：孩子的专注度提高，即孩子在聊的过程中注意力很集中。

支撑和挑战（Supporting and Challenging）——聊High

这是一个进一步塑造、验证想法的过程。一方面，给想法找证据，支撑它；另一方面，要挑战、反驳既有想法，通过提问题看看我们忽略了什么。

我说：“那么，为什么你觉得说了这个理由，老师就可能允许你继续玩呢？”

这是支撑，不论孩子持有什么观点，多问几个“为什么”，请他找到支撑观点的证据。

千寻回答：“因为，我说去帮小朋友守护玩具，是做好事，是乖孩子的表现。”

我继续问：“为什么你会觉得，只要做个好孩子，就可以不受规则约束呢？而且，自始至终，你都没有考虑到老师的立场哦。如果老师默许了你的行为，那如果其他小朋友也有样学样，整个课堂秩序不是一团糟了？”

这是挑战，是不断反驳孩子的既有想法，通过提问题看看忽略了什么。

“海沃塔”中的挑战、反驳是一种引导，而不是吵架。

完成这一步的标准：孩子的热情度提高，即他在积极响应思考问题。

大家看起来，是不是觉得有点复杂。我刚刚学习“海沃塔”的时候，也曾怀疑过，一个普通的聊天要费这么多心思，会不会太累？

可运用多了就发现，它其实是一种可以通过多次练习慢慢形成的思维习惯。当你养成这种思维习惯后，就会自然而然地跟孩子越聊越开、越聊越深，并且不会觉得累。

仔细想想，孩子最乐意与父母交流的时间就集中在3～8岁，8岁以后，老师和同伴将代替父母，成为他新的学习和参考对象。这段时间也被称为家庭教育的黄金期，能否把握好这个时机，预示着将来孩子是否愿意与我们交流更深刻的内容。而且，在此期间，我们和孩子聊天的质量越高，孩子能从中收获的养分也就越多！

成长型思维：挑战意味着“我还有成长空间”

在一次商业案例学习中，我有幸听到微软CEO——萨提亚·纳德拉（Satya Nadella）对微软精神的演讲，他认为微软能够保持活力，有个很重要的因素是“成长型思维”（Growth Mindset）。

当我成为母亲后，发现这个由斯坦福大学行为心理学教授卡罗尔·德韦克经过40年研究后提出的概念，不只受商界精英们的青睐，也成了欧美教育界的新宠，美国很多学校都开设了专门培养成长型思维的课程。

成长型思维

简单点说，成长型思维就是与固定型思维相对应的一种心智模式。面对挑战，固定型思维是回避，因为害怕失败；成长型思维则认为，挑战并不意味着“我是个笨蛋”，而是“我还有成长的空间”。

一般来说，拥有成长型思维的孩子，做事不易放弃，还能从过程中享受乐趣，复原力更强，成为学霸的概率比较高，所以这种思维模式又被人们称为“学霸型思维”。

但是，我不想老生常谈掰概念，我想分享给大家的是培养成长型思维的实操过程中，90%的家长都容易出现的一个错误行为。这个行为，会导致南辕北辙的效果。

是什么样的错误行为呢？大家看完这个真实案例便能明白一二。

一个周末早晨，千寻从玩具房找出一套七巧板，自己玩起来。摆弄了半天都还不了原，有点泄气。想放弃，又被我拽回来继续琢磨，耐心指数越来越低，毛毛躁躁试过几次后就开始耍赖："妈妈，不行，我弄不好！"

我说："你别急，先冷静下来想一想，回忆一下之前是怎样组合的。"

小朋友哪里听得进去，拿起身边的绘本，试图转移话题："妈妈，你给我讲故事吧，我不想玩七巧板了，我要听故事。"眼见她就要临阵逃脱，为了消灭她的畏难情绪，我很自然地拿起七巧板："哪有你想的那么难，你看妈妈……"话还没说完，她就抢走了我手里的积木，摆出了一副打死都不让我做示范的姿态。

我转念一想，换了个说法："其实，妈妈也不太会拼，能不能让我试一下？"她一听我也不会，态度竟180度转弯，大方地把七巧板递给了我。其间，我假装拼错了几次，见我拼错她更来劲了，一直在指挥："妈妈，红色三角形要放到这个角……不对不对，黄色正方形不能放这里……"

最后，在我们的共同努力下，终于搞定。

聪明的妈妈懂示弱

在拼接七巧板的过程中，我犯了一个错误，那就是用成人示范的方式打击孩子探索的欲望。其实七巧板是否拼成功已经不重要了，让我深思的是过程中孩子的变化。我一边琢磨孩子的变化，一边回忆起类似场景：千寻3岁的时候，用不好筷子，哭闹着说她不会，我一边说着"别急，你看妈妈……"一边麻溜地用筷子夹菜给她做示范，然后对她说"是不是很简单？你来试试"，可她不但不试，反而哭得更厉害了。

好吧，当我试图做个榜样妈妈，用自己的行动告诉孩子"你看，这事其实一点都不难"时，孩子不但不买账，还表现出反感。当我褪去榜样光环，扮成和她一样笨手笨脚的“同学”，她反而有了坚持下去的动力。

我想，孩子用真实的反馈，给了我们一个思考方向：欲培养成长型思维的家长都知道在孩子抱怨“做不到”的时候，要给他们鼓劲，让他们多尝试几次。相反，急着亲身论证“你看，妈妈（爸爸）都可以”，恰恰是阻碍了孩子成长型思维的形成！

学会放手，尊重孩子自主探索的过程

成人的示范在孩子看来，更像是碾压，而不是帮助。受到碾压的孩子，第一反应是自暴自弃。要么退回舒适区，索性等大人搞定，要么陷入消极区，默认自己没能力。不论哪一种，对成长型思维的塑造来说，都是极其糟糕的，意味着成长型思维的大门被彻底关闭。

卡罗尔·德韦克教授曾在芝加哥的一所高中得到启示，在那所学校里，考试不及格的孩子得到的分数不是一个意味失败的名词，比如不及格之类，而是“Not yet”（尚未达到）。

看似简单的“Not yet”，实际上非常有价值。它意味着你是在探索学习的道路上，只是还没到达终点而已。对孩子来说，这是一个积极的心理建设，也符合成长型思维模式的核心：能力是随时间而变化的，当前的挫折只是我探索曲线中必经的正常过程。

但家长的示范，呈现出的是什么呢？是一个结果。它给“Not yet”画上了句号，无形中传递给孩子一个信号：你不用自己去探索了，照我的方法做就好了。

有的家长会认为：“我没有画句号啊，孩子还是可以自己操作，我只是做示范，教他怎么做而已，掌握了方法，不是更容易做到吗？”

这是一个很普遍的误解。

成人是追求效率的，容易忽略孩子对过程的追求。就拿七巧板来说，刚开始我以为千寻要的无非就是拼好，所以我急着教她方法，想鼓励她做到。后来才发现她要的并不是“拼好”这个结果，而是在她自己的努力下，凭借自己的思考，用自己的方法“拼好”的过程。

这两者是不一样的。结果对孩子来说没有意义，成长型思维的塑造，需要的不是结果，而是“Not yet”的过程。

试着和孩子做“同学”

那么，家长该用什么方式来应对孩子的“做不到”呢？

很简单，就是和孩子做“同学”，最好看起来比孩子还要笨一点儿。相信自从有了娃就“戏精”附体的妈妈们，都不难做到。

最近我们家正在实践这个方法。大家都知道，钢琴看起来优雅，学起来枯燥（任何技能的基础段位恐怕都免不了枯燥），小朋友一般经过短暂的热情高涨期后，很快就会迈入耐力考验期。

耐力考验期不只考验孩子，更考验家长。一不小心，原本和谐的家庭氛围就会变得剑拔弩张。为了让千寻迎难而上、坚持不懈，我不惜自毁功夫扮“音盲”，和她一起从最简单地记五线谱开始学。为了帮助我这个落后“战友”共同进步，她真是操了不少心，竟然琢磨出了一套独有的简易记谱法，还会画出五线谱，陪我反复练……

当初，若是我先来首《卡农》开场，再一脸轻松地跟她说：“宝贝你瞧，弹好钢琴一点都不难！”又或者，在她抱怨记不住谱子的时候，自顾自地发表演说：“这不就是高音符嘛，横线是休止符，来，你听妈妈教你数拍子。”我猜她应该不会有今天这么高的积极性，更不会给我自创简易识谱法的彩蛋惊喜！

家有琴童的妈妈不妨回忆一下，每天的练琴时间里，那个气场强大、指点江山的人是你吗？是不是在孩子弹错一个音符时，总是忍不住斥责“这么简单，你怎么都搞错”？

如果是，就别埋怨孩子厌琴了，换成我，我也会厌的。因为人在能力欠缺、无助的时候，最需要的，不是高高在上的老师，而是一起努力的伙伴。

当然，有时候，孩子面对的是难度系数比较大的事，自己很难找到方法，还是需要成人指导。即便如此，我也建议家长在和孩子共同学习的过程中，有技巧地慢慢引出方法，而不是直接示范给孩子看，你可以给线索，但不要给全部。

说到底，与其费力做榜样，不如退一步海阔天空，把机会交给孩子。

阈值管理：让孩子学会“吃苦”

现在的孩子幸福吗？至少，比我们那时候幸福吧！我们家的书房，有孩子后就变成了玩具房，已经被各种各样的玩具堆满了。

之前我的想法是，只要在经济允许的范围内，就给孩子多买玩具，从小给她提供充沛的资源，让她多感受、多触摸各种玩具，这样可以开发智力、拓宽思维。

可后来，我发现出了问题。孩子老想要新玩具，不给她买，她就不开心。关键是，她现有的好多玩具都没认真玩过，她好像很难专注地玩某一个玩具，不管多新鲜多有趣，总是摆弄几次就丢在一旁不再碰。

我想到我小时候，压根儿就没有玩具。我妈只丢给我一本百科全书《十万个为什么》，那就是我拥有过的唯一玩具。如今，几十年过去了，书里的内容我竟然都还记得。原因很简单，在别无选择的情形下，我只好翻来覆去把这本书看了几百遍，于是烂熟于心。我人生第一次不由自主、莫名其妙地建立起了专注力，竟是在一个资源极度匮乏的环境里。

然而，我的孩子，在我为她提供的充足资源环境中，却没有耐心在现有玩具上寻找快乐，她的快乐是建立在不断增加新玩具的外在刺激上。

这个问题在其他地方也有体现。比如，日常做事，只要事情有点难度，要么立马寻求帮助，要么干脆放弃。又比如，兴趣爱好挺多，什么都愿意学学，可一旦遇到瓶颈期，就绝不愿意努力坚持一下，她觉得学不好或者不学了也没什么，不就是一个兴趣嘛。

我得承认，资源丰富让他们这一代具有了很多我们没有的优点：更自信、更有安全感，开拓能力更强，眼界更宽广。但同时缺点也很明显，就是越来越不能吃苦了。

我说的“吃苦”，不是要逆转时代，让孩子吃些莫须有的苦头。我说的“吃苦”是指精神上的两个方面：专注力和意志力。

现在的孩子，越来越不能承受专注、坚持带来的乏味之苦、孤独之苦。

“吃苦”只是一个相对概念

为什么现在的孩子越来越不能吃苦？不是他们的错，吃苦不是人的天性，相反，人的天性是趋利避害，能不吃苦就不吃苦。我们现在选择吃苦，是因为我们成年了，有理性思维了，能为一个长远目标做出妥协。

但孩子是注重当下的生物，不论是自我意识还是认知能力，都没发育到可以看到十步甚至百步之后。让一个孩子主动自愿地吃苦，就是天方夜谭！

我们小时候为什么能吃苦呢？其实不是因为我们小时候能吃苦，而是现在看来是吃苦的事，当时我们并没觉得苦。

就拿我自己来说吧，当时我真没觉得反复看《十万个为什么》是吃苦。要知道，跟一个人发呆比起来，有书看就不错了。但换成我的孩子，她会觉得，跟看动画片比，反复看一本书，枯燥又乏味，不就是吃苦吗？所以，吃苦是相对的。

现在的孩子越来越不能吃苦，只是因为，对他们而言，代表“吃苦”的事物越来越多了。

当他们拥有了新奇有趣的玩具，看书成了“吃苦”；有了色彩缤纷情节切换迅速的动画片，玩玩具也成了“吃苦”；再和刺激度超大的迪士尼乐园一比，就连看动画片也变成了“吃苦”！

有更好玩、更有趣、更轻松的事儿，那些“吃苦”的事儿，就注定要被孩子抛弃了。

是我们拔高了孩子的阈值

我在杜克大学修行为经济学时，有个很重要的学习内容，就是研究人性。在行为经济学理论里，人并不是理性的，人的行为、决策往往会受到过往经历、外界环境的影响。比如，外界刺激度不断增高导致预期变化的“阈值效应”。

阈值又叫临界值，指释放一个行为反应所需要的最小刺激强度。人的阈值会随着拥有资源的多少发生变化。比如，没肉吃的时候你会觉得哪天要能吃上一顿肉就特别美好，但当你尝尽山珍海味后，普通的肉就食之无味了。

由自身能力增加获得的阈值升高，没什么问题。但对孩子来说，在他个人能力无法获得那么多资源时，提供给他太多资源，就是过早拔高了他的阈值。

儿童心理学说，过早拔高孩子的阈值，会导致低阈值水平引起的内在驱动力过早丧失。

再看看孩子专注力和意志力的产生过程：首先是内在的一股探索欲望驱动一个孩子去探索周围事物；接着，有些事物吸引了他短暂的注意力；然后，有一个事物吸引了他比较持久的注意力，并开始研究它；发现某种现象或规律之后的喜悦；在喜悦驱动下继续探索。

我把上面的过程组织成一个链条就是：**内在驱动力—探索—短暂兴趣（注意力）—持久兴趣（专注力）—发现的喜悦—继续探索（意志力）。**

很明显，专注力和意志力就源自孩子的内在驱动力，而过早拔高孩子阈值，破坏的正是这种宝贵的内驱力。

搞了半天，孩子不能吃苦的背后原来还有我们的“功劳”。

适时给孩子创造低阈值环境

这并不是说要让孩子回到一个资源匮乏的环境中，资源丰富有积极的作用，我们要做的只是阈值管理。

阈值管理，就是给孩子资源，但要有限度地给。不禁止孩子见识新鲜有趣的资源，同时也创造低阈值环境，用以激发孩子的内在驱动力，让他习得孤独沉静带来的力量，学会向内寻求快乐。

到现在为止，我做了4个月阈值管理，效果很好，孩子的专注力和意志力得到了很大提升。这4个月里我们没添置一个新玩具，千寻终于能耐心研究旧玩具了。在一些精细动作的游戏中，她能坚持得更久了，甚至可以自己认真看半小时绘本。这些都是她主动自愿的行为，对4岁左右的她来说，算是不错的成长。

我总结了一下，可以做这几件事来创建低阈值环境：

1. 避免给孩子过多选择。

低阈值环境倾向于简单少选择。心理学家巴里·施瓦茨做过一个实验：将孩子随机分成两组画画，第一组孩子从3支笔中选出1支，第二组则从24支中选1支。实验结果是：第二组孩子的画比第一组糟糕得多。过度选择分散了孩子注意力，反而不能享受专注带来的快乐。

按照心理学家的建议，我将孩子所有玩具进行了一次整理收纳，只留5个在外面，每周轮换1次。同样，孩子的衣服和鞋也遵循“多则惑，少则明”的原则。整洁简单，能让孩子更专注地投入探索，相反，阈值不断提高（过多选择），只会让孩子暴躁易怒，缺乏耐性。

2.合理安排玩耍模式。

现在室内儿童乐园很多，生意特别好。色彩鲜艳的海洋球，惊险刺激的高空滑梯，现代化的游乐设施，非常迎合孩子的需求，孩子喜欢，家长也轻松。但我会选择有限度地给孩子这种玩法，尽量让户外自然活动占三分之二，其他户外活动和儿童乐园类活动只占三分之一。户外自然活动对孩子来说就是一种低阈值环境，没有华丽的色彩、音效和特技。正因为排除了强刺激因素，孩子反而能沉静下来，观察到活灵活现的动植物，释放出自身的探索欲。

3.对电子产品加以控制。

不得不承认，如今的电子产品做得越来越好，很多游戏又好玩又能锻炼孩子各种思维能力，还能让孩子感受前沿科技。很多学习类的App做得也不错，学识字、学英语都很方便。当电子产品与学习结合起来时，家长的管控会放宽很多。

可你知道吗？iPad的始祖乔布斯在接受采访时说，对自己孩子使用电子产品是有限制的；Blogger、Twitter 和 Medium 的创始人伊万·威廉姆斯则说，为了替代 iPad，给两个儿子买了几百本纸质书，他们可以在任何时间挑一本来读。

其实这些科技大佬们很清楚，电子产品是输出知识，阅读是需要主动寻找知识，一个被动型，一个主动型。阅读对儿童精神系统的刺激强度远低于电子产品，相对来说更单调和艰苦，但由阅读创造出的低阈值环境，却对培养孩子主动学习能力很有帮助。所以，我会支持孩子的阅读时间大于使用电子产品的时间。

最后我想用一个词来形容低阈值环境的内涵，那就是“饥饿感”。

这个词源自乔布斯在斯坦福大学毕业演讲中说过的一句名言：“Stay hungry，stay foolish.”这里的Hungry，就是对低阈值环境很形象的一个说法，如果用它来表达一种教育方式，则是永远都要让孩子保持追求知识、探索世界、享受生活的“饥饿感”。

“饥饿感”是让孩子保持内驱力的良药，它能帮助我们实现一种平衡：让孩子既保有资源丰富带来的优势，又有“吃苦”的能力。

后期随着孩子的成长，再配合一些需要意志力的体育锻炼和其他方式，这种平衡还会更加稳定。也许，恨不得把一切美好都放到孩子面前是做父母的天性。但每当这时候，我们不得不提醒自己：对于孩子来说，除了讲究，还得学会将就。毕竟，这漫长的一生，有时阳光明媚，有时风雨交加。

自我决定论：养出内驱力强的“自推娃”

这是个流行精细化教育的时代。

父母在教育上的投入，前所未有的深入，付出大量的时间精力和金钱，希望尽可能为孩子安排充实的每一天。

带来的好处是孩子吸收知识、提升能力的效率变得很高。坏处是，孩子长期处于被安排的环境中，内驱力磨损不轻。

我看见身边越来越多的孩子，眼里没了光芒，对周遭事物缺乏好奇心和探索欲，父母让他们上什么兴趣班也上，让他们学什么也学，但整个人呈现出的气质是被动的，缺乏热情。

这不是我们的教养目标。

没有哪个父母希望自己孩子是那种一直都要推动甚至逼迫才能前行的人，自己累，孩子也累。谁都想养出内驱力强的“自推娃”，可以自发地管理和推动自己。也只有这样的娃，才具有终生学习的能力，未来可期。

那么，内驱力是天生的吗？

肯定不是啊，人都是趋利避害的，畏难偷懒是天性，谁也不会天生充满动力。

如果不是天生，什么样的父母，更容易养出内驱力强的孩子呢？

当我们说到内驱力时，很自然就会想到上面的问题。

这个暑假，陪千寻学游泳的过程中，这些萦绕在我心里，一直没有准确答案的问题，突然有了线索。

因为小时候的溺水经历，我对游泳是有畏惧心理的，可我偏偏又是个倔强的人，总觉得越畏惧的东西越要试试去克服。正好今年暑假千寻要学游泳，于是干脆和她一起报了私教，同步进行。

很快我就发现，一对二的私教课，完全就是我给自己创造的出糗机会，孩子都可以在水中滑行了，我还停留在憋气练习上。

教练大概是看在我还算勤奋的份儿上，讲话都十分体贴："其实像你这样有勇气挑战自己的妈妈，已经很不容易了。"

比教练更热情的是千寻，又是示范，又是帮我纠正动作，在帮助笨手笨脚的妈妈学会游泳这件事上，她可以说用尽了洪荒之力。

每当我流露出一丁点找借口的痕迹："今天健身后腿好酸呢，不知道明天还能不能上游泳课……"

充满上课热情的"小老师"就会适时登场，为我带来自律："妈妈，不能缺课哦，我都要去的！"

……

这位小朋友，在我们共同学习且我比她差一点儿的过程中，找到了满满的内驱力。

突然就想起了千寻学爵士舞的过程，也有类似场景。

大家都知道，舞蹈学习刚开始是很辛苦、很枯燥的，要反复练习分解动作。练多了，千寻也难免冒出小孩子心性，喊道："啊啊啊，老是这几个动作烦不烦呀，不练了！"

当时为了激励她，我自告奋勇跟她一起学。

一看到我抢拍，这娃就很开心："哎呀，妈妈，不对不对，你跳的时候要在心里数拍子哦，来，我教你，你跟我一起数……"

每当我做错一个动作，这娃就嘴角上扬，眼神里透露出一丝得意，然后忧心忡忡地帮我纠正，不厌其烦，极富耐心，语气沉稳大气有逻辑："妈妈，首先你的左脚要收回，像这样……接着是顶胯，手臂伸直不能弯，对，就是这样。”还知道正面鼓励：“妈妈你刚才那3个8拍都没错，有进步了！”

难为这位小朋友，为了教我带我，整个人焕发出了无限激情，天天在家练习。倒是成长迅速，这个暑假，已经可以参加电视台的拍摄了。

这两件事，给我带来了一些启发。

我一直都不是一个强势的妈妈，很少安排和要求千寻做什么。大多数时候，就像学游泳和跳舞一样，我更愿意和她一起计划、并肩行动。

就拿阅读来说吧，我很少会讲：“千寻，你该看书了。”一般都是自个先拿本书看起来，偶尔问问她：“这个卡梅拉的故事还挺有趣，你要不要听？”和大多数孩子一样，千寻遇到难事也会想放弃，玩桌游，找不到窍门就会生气。

不过，她赌气放弃时，我也不会责问她怎么遇到一点点困难就退缩，而是暂时不管她，自己一边琢磨一边自言自语：“真的有点麻烦啊……”

千寻常常是看不下去了，觉得自己身负帮助“笨蛋妈妈”的重任，又重新回到了队伍里，和我一起努力。

以前也有朋友劝诫我，觉得我在教育孩子上面显得太“柔”，不够“虎妈”。我也曾担心过，像我这样的妈妈，是不是不太能起到引领孩子的榜样作用呢？毕竟，榜样都是要更好、更耀眼的吧。

但后来，我发现，恰恰是因为我褪去了榜样的光环，退到了与孩子并行的位置，孩子反而迸发出了强烈的内驱力！

在心理学上，有个著名的理论叫“自我决定论”，由美国心理学家德西和瑞安提出。它也常常被应用于管理策略中，我在经济学领域的行为管理框架学习中有所涉猎。

“自我决定论”说的是人有三种基本的心理需要，分别是自主的需要、能力的需要和归属的需要，如果这些需要得到了满足，那么人就会具有力量感，能更加主动、积极地工作和学习。

现在，让我们置身于和孩子一起做“学生”，甚至比孩子差一点点的场景里：

● 当我们和孩子一起学一起思考，而不是一味地要求他学时，学习氛围是相对平等的，孩子自主的需要就得到了满足。

● 当我们表现得不那么强势、完美，甚至比孩子还差一点点时，孩子在鼓励我们的时候，自信心简直爆棚。想想，一个小孩可以帮助大人，这是对孩子能力多么大的认可啊，孩子能力的需要得到了满足。

● 当我们在与孩子相处的模式里，如果一直是父母控盘，那在这段关系里，孩子是缺乏归属感的，因为他的自我价值没得到体现；如果我们把部分控制权让渡给孩子，由他来帮助和引领，他的个人价值就得到了充分体现，人只有在个人价值得以体现的时候，才能在彼此关系中找到归属感！

5 Why分析法：建立多元思维模型

有个妈妈跟我吐槽："我现在都不太想看教育类文章了。"

我问："为什么？"

这位妈妈说："看教育文章不就是为了学习科学的教育方法，把孩子培养得更好嘛，可我发现，我不但没学到方法，反倒把自己搞得焦头烂额，压力山大。你看这篇文章——《大数据告诉你：经常和孩子共进晚餐，孩子会更优秀》，从各种角度阐述了和孩子共进晚餐的重要性，有科学数据的支撑，也有切实可行的方法，看起来很高大上的感觉。可是我执行起来还是问题多多，比如文章里说，要懂得合理安排，不要让工作占用陪伴孩子的时间，可我每天临下班就冒出一堆事务，总是没法按时回家……总之，我就是做不到啊！怎么办？"

这可能是大部分家长在育儿路上跋涉时都会遇到的难题吧，为什么我们懂得那么多道理，也有了方法，却仍然做不好呢？

企业管理策略也能用于经营家庭

畅销书《更聪明、更快、更好》（*Smarter Faster Better*）的作者查尔斯·都希格发现，企业用来提高效率的分析法，也能用于经营家庭生活。

4年前，都希格和我们那位可爱的吐槽家长一样，明白和孩子共进晚餐的重要性，却总是难以达成目标。都希格和妻子的工作都很忙，他们有两个儿子，一个7岁、一个4岁。他们也知道和孩子共进晚餐很重要，但要全家人一起坐下来吃饭几乎是不可能的。每天早上，都希格夫妇都向孩子们宣布，今天一定会早下班，回家吃饭，但他们的计划总是失败。

于是，当都希格为他的新书《更聪明、更快、更好》（*Smarter Faster Better*）访问一些企业经理人时，他也顺便请教了他们自己的家庭问题。最后，他发现，丰田汽车著名的5 Why分析法，解决了他的问题。

“5 Why分析法”：即使是看似复杂的问题，也有最简单的解决方式

现在就让我们看看，“5 Why分析法”是如何在普利策奖获得者查尔斯·都希格家奏效的吧。

都希格家的问题是：他们没有时间和孩子一起吃晚餐。

第一个 Why：为什么他们没有时间和孩子共进晚餐？

因为都希格和妻子总是晚下班。

第二个 Why：为什么他们总是晚下班？

因为每当下班时间来临时，他们总是还陷在一堆白天就该处理好的杂事里无法抽身。

第三个 Why：为什么他们不能在白天就处理好这些事情？

因为他们总是在晨会前一刻才到达办公室，因此没时间在早上处理电子邮件等杂事，只好拖延下来。

第四个 Why：为什么他们不能早一点到办公室？

因为，虽然他们希望每天早上 8 点钟出门，但总是拖到 8：20 才出门，那刚好是堵车时间，结果到办公室的时间就更晚了。

第五个 Why：为什么他们无法准时出门？

因为都希格家的孩子每天早上要花 20 分钟挑选衣服，推迟了爸爸妈妈出门上班的时间。

是不是难以想象，导致无法全家一起吃晚餐的原因竟是一个小问题！

在“5 Why分析法”的帮助下，他们找到了“永远无法共进晚餐”这个问题的根源，那就是孩子每天早上花太多时间挑选衣服。在这之前，他们从未发现早上的节奏会影响到晚餐的时间。既然找到了问题的根源，他们就知道该怎么做了。

现在，都希格让孩子们上床睡觉前先挑好衣服。早晨，他们在7点半以前就着装完毕。这个小小的改变影响却很显著，如今，多数时候他们都能和孩子一起共进晚餐。

是不是看似复杂的问题，其实很好解决呢？

这样看来，“5 Why分析法”并不高深，我们在工作中也会用到。可为什么我们没有想过要将类似的方法用在解决家庭问题上呢？我想，可能是因为工作上如果无法达成目标，会面临来自外界的压力，所以我们会问很多个“为什么”，直至解决问题。但在家庭生活中，身心相对放松，一些做不到的事就任由它去了，不愿意去多思考。

其实，**“5 Why分析法”可以应用到很多家庭问题上，因为现代家庭的教养工作其实和工作一样，也需要我们学会善用管理方法，成为更“聪明”的家长。**

“5 Why分析法”的在家庭教育中的具体应用

让我们再看看“5 Why分析法”在我们家的应用，希望能帮助大家举一反三、灵活使用。

我家的厨房是半开放式的，在厨房和饭厅之间有半扇玻璃隔断门，因为隔断门只有半扇，其余一半则是完全开放的，千寻在厨房和饭厅之间穿行时，常常忽略了隔断门的存在，总会“砰”地一声撞到脑袋，然后哇哇大哭。

第一次千寻碰到脑袋，我忍不住责怪她：“妈妈不是告诉过你，跑的时候要小心，要注意障碍物吗？”

第二次千寻碰到脑袋，我想到看过的教育文章，这种情况下不能一味地责怪孩子，而是应该设身处地地安慰她，和她一起找原因。好，我按照方法来，帮女儿揉揉脑袋，告诉她：“妈妈像你这么大的时候，也会在玩得高兴时忽略障碍物，但我们下次一定要记得绕过它，好不好？”千寻点头应允。

结果，情况一点儿也没得到改善。这不就和吐槽不能与孩子共进晚餐的家长一样吗？懂得道理，也学了方法，可还是做不好啊。

直到有一天，千寻的朋友来我们家玩，也出现了同样的状况，我们开始思考这个问题，也正好和她一起来练习运用“5 Why分析法”。

> 第一个Why：为什么小朋友总是容易撞到隔断门？
>
> 因为小朋友忽略了隔断门的存在。
>
> 第二个Why：为什么小朋友容易忽略隔断门的存在？
>
> 因为小朋友习惯了另一半开放空间。
>
> 第三个Why：为什么小朋友习惯了另一半开放空间？
>
> 因为隔断门和开放空间没有明显区别。
>
> 第四个Why：为什么隔断门和开放空间没有明显区别？
>
> 因为我们没有对隔断门进行特殊的保护处理。

瞧，四个为什么就让我们找到问题的根源啦！

于是，接下来，我和千寻一起去购买了鲜艳的警示语标签和防撞条，将颜色明亮的标签贴在透明的隔断门上，防撞条安装在门侧。

后来，千寻照常在饭厅和厨房之间跑来跑去，却再也没有撞到过隔断门。

“5Why 分析法”还能提升孩子的逻辑思维能力

“5 Why分析法”给我们家带来的最大惊喜，不仅仅是帮助我们解决了很多实际问题，也培养了孩子的探索精神和逻辑思维能力。

千寻在面对一些自己的小问题时，也开始尝试用这个方法。比如，放学回家，她第一选择就是玩游戏，可玩着玩着就心事重重。于是自言自语地问了几个为什么，发现自己不能专注玩游戏是因为心里还惦记着没做的家庭作业。便换了顺序，先完成作业，再轻松快乐玩游戏，问题就解决啦！

慢慢地，我发现小丫头已经养成了凡事多问为什么的习惯，多问为什么帮助她避开了主观和自负的陷阱，沿着因果关系链条，穿越表面现象，找出问题的根本原因。这不正是我们希望孩子拥有的探索精神和逻辑思维能力嘛。

不能和孩子共进晚餐的妈妈，看到这儿，相信你已经找到解决问题的好方法了吧。不知道你有没有发现，最终解决问题的是因为我们找到了导致问题的根本原因。

可这个原因是道理教给我们的吗？不是。

是那些关于教育的方法告诉我们的吗？也不是。

不过是我们多问了自己一些“为什么”，就找到了隐藏在问题背后的真正原因。

第6章

游戏化思维：会玩的孩子更有创造力

游戏化思维，让孩子学习成瘾

近些年王者荣耀这个游戏特别火，不只是成人在玩，还有很多中小学生沉迷于此，搞得家长们怨声载道。

前一阵，我和朋友一家去郊游，朋友的儿子正在读初中。我们搭伴支烧烤架，结果支个烧烤架花了整整20分钟，这孩子一手握个手机，在玩王者荣耀的间隙递个零件给我，然后马上又投入战斗，又过好一会儿才帮我固定好支架。我顿时理解了家长们对这款游戏的恐慌。

其实，回顾一下互联网不算长的发展历史，对游戏的恐慌一直都存在，防沉迷就是两代人的斗争主题，一端是被游戏吸引的孩子，另一端是努力想把孩子从游戏拉回现实的父母。

遗憾的是，我们不但阻止不了孩子玩游戏，还不得不接受全世界都在朝“游戏化”方向发展的趋势，接受游戏已经成为这一代孩子生活方式的现实！

无论是美国社会学家丹尼尔·贝尔提出的“闲暇社会”概念，还是德国传播学专家诺利·纽曼构建的“自我肯定”学说，都已经从不同角度论证了游戏化的价值。一个健康多元的社会，必然很难支持玩物丧志的指控，因为玩乐既是自然权利，也是经济拼图的组成部分。

在《游戏化思维：改变未来商业的新力量》一书里，凯文·韦巴赫和丹·亨特两位沃顿商学院的副教授也提出了人类将面临一个“游戏化”的前景，游戏不仅是一群人沉迷其中的玩乐，也是未来人类表达自己、创造意义的媒介，是下一代人类文明的基础。游戏不是洪水猛兽，而是经济、社会、制度重构的基本机制。未来，娱乐会游戏化，公司管理会游戏化，教育者也会游戏化。

游戏为什么那么吸引孩子

想想也蛮正常，人天生就爱玩，以前大家玩得少是没条件，如今物质越来越丰富，人爱玩的天性必然得到释放，游戏化时代的到来也是情理之中。

既然如此，存在即合理，与其把游戏当敌人防范，还不如冷静思考一下，游戏为什么吸引孩子？

很重要的一个原因是：游戏是顺应人性而设计的，它有几个特质非常契合人的心理需求。

积分增加：玩过游戏的人都知道，不论哪款游戏，都有个积分累加的过程，杀一个怪，经验值会增加，再杀几个怪就会升级。人性中对“不断得到”的青睐，会让人欲罢不能地玩下去，没办法，看着唰唰往上涨的分值就很爽啊。

任务拆解：游戏不会丢给你一个宏伟远大的目标，它永远都从小任务开始，而且，刚开始的小任务很容易完成，给玩家带来了很多成就感。

不怕失败：现实中，要被人一枪击中，后果就严重了。但在CS游戏里面，一枪击中只会带给你更大的刺激感。游戏之所以可爱，就是因为我们知道可以翻牌重来。

及时反馈：在游戏里，反馈是实时的，不论是点数卡牌、声音效果，都专门设计过，目的就是通过及时而炫目的反馈让玩家迅速得到多巴胺。

用游戏的特质来做教育

在了解游戏吸引人的特质之后，我们将这些特质融入教育里，在传统模式上做出创新和改变，以顺应人性的方式来激发孩子学习的主动性，就是目前最前沿的游戏化教育法。

比如，在美国学校流行一款名叫Prodigy的游戏，它和王者荣耀一样让孩子欲罢不能，沉迷其中。据我在美国小学当教师的朋友说，自从打有了这个游戏，每天都有学生求她：“杨老师，我不想玩其他游戏，让我玩Prodigy！”

Prodigy其实就是一个RPG（角色扮演）大型游戏。孩子们进入游戏平台后可以看到自己的朋友，选择Battle对战。只不过，对战武器是——做数学题！武器威力如何，就看你会不会做数学题。

这就是一个应用游戏化教育法的典型例子，美国人没有因为游戏让孩子沉迷而一刀切，反而是利用游戏吸引孩子的特质，构建出一个正向游戏，最后得到好的结果：游戏化思维，让孩子学习成瘾！

将游戏运用到家庭教育中

再让我们看看，在家庭教育中，可以怎样具体运用游戏化教育法。

积分增加：目前美国的一些中小学已将这个特质应用在教育上，开始实践考试加分制。以前，我们考试都是减分制，建立在纠错和惩罚的观念基础上，哪里没做对就要扣分，通过受挫来让人接受惩罚。但加分制不同，里面没有满分，每个学生从零分开始，每完成一次作业或做对一道题，就取得更高分数和级数。最后还引入班级总分制，孩子知道自己是集体一员，得分越多，给集体的贡献越大，帮助其他同学得分也和自己得分一样，促进了社交与互助，不再是原先冷漠的竞争关系。在家庭教育中，我们也可以模仿加分制，比如在帮孩子制定计划表时，以增加积分为规则，按时完成了学校作业加多少分，帮忙做家务加多少分等……最关键的是，你要用“加分制思维”去面对孩子的成长，让激励代替惩罚。

任务拆解：任何一个笼统的目标，对孩子来说都很难生效。比如你告诉他这期末考试数学必须达到90分，听起来施加了压力，实则一点儿用都没有。真正有效的方法是像游戏一样，进行任务拆解，把大目标拆分成若干小目标，帮助孩子一个个去实现，就像游戏中的打怪通关一样。要让孩子实现数学考试90分，你首先得帮他把这个任务拆开，比如第一关只需做到10道应用题对6道就可以，刚开始设定的目标不能太难，就像游戏刚开始容易升级一样，得给孩子足够成就感，他才有信心应付下一关。

不怕失败：家庭资源丰厚的孩子与资源贫瘠的孩子最大差距在哪里？是试错成本。资源丰富，试错成本低，不怕失败，才勇于尝试和创新。**让孩子不怕失败，你最需要做的是破除他的完美主义情结**。孩子惧怕失败，大部分是担心自己表现不够完美，这时，你可以告诉他："你是普通人，我们都是普通人，而不是完人，爸爸妈妈也失败过很多次，当你害怕演讲失败时你就想想妈妈考驾照5次都不过……再说，失败了有什么关系，就像游戏一关没过，重来就好。"

及时反馈：千寻每天都在App上学英语和识字，时常出现的画面是："快去刷牙"，磨蹭中……"你要乖乖刷牙，待会就可以在床上看10分钟英文小动画"，立马行动中…… 我不仅感慨，差距太大了，我小时候学习是被迫，我女儿学习居然要靠争取。其实她不是学霸，喜欢学就是因为这两个App把及时反馈做得特别好。每学完一课，可以领取一个小礼物，还会显示出你的学习指数多少，超过了多少人。为此，千寻每天都惦记着要学一把。这是不是能给我们一些启发呢？我觉得，不仅我们要多给孩子及时反馈，还要引导孩子学会自己给自己及时反馈，比如，和他一起设计个清晰的"进度条"，鼓励他完成一项就可以给自己奖励（诸如完成一道题便可以奖励自己看10分钟电视的方式）。

俞敏洪最近在一次演讲中说："我们在中国最好的中学做过调研，调研结果是，就算是最好的中学，真正自觉想要学习的学生也只占10%～20%。我们做教育，除非能把教育内容做到像《王者荣耀》那样好玩，孩子们才会稀里哗啦自己过来学习。”

我觉得，这段话道出了游戏化教育法的核心优势：**让学习变得像游戏一样好玩，让孩子像爱游戏一样爱上学习。**

用游戏化教育法代替传统教育方式，还有一个重要优势：让孩子学会了玩。

为什么要让孩子学会玩？因为“会玩”是未来的核心竞争力。甚至，20年后，只需要少数人操作智能工厂，社会上大量商品都能便捷生产，从基础劳作中解放出来的人该追求什么？不就是玩吗？玩出趣味，玩出创意。

游戏化教育法的本质就是对人类爱玩的天性的运用，从小接受游戏化教育法长大的孩子，深得玩的精髓。他能创造出好玩的产品，引领更多人一起玩。看到这儿，你是不是已经对游戏有了一个全新的认识？

其实，玩物不见得就丧志，游戏并不都是让人上瘾、丧失活力的毒品，当游戏的特质用于正途，就是顺应人性的快乐生产力。也许，这种快乐生产力还能让我们的学习、生活和工作变得像游戏一样精彩。为什么不试试呢？

欠孩子的自然课该补上啦

德国柏林以北卡罗镇一个郊外林区，一群孩子像是刚刚从泥水中爬出来的。我还以为这是一次野外体验课呢，没想到却是幼儿园的日常学习。这类幼儿园被称为“森林幼儿园”，目前德国已有超过1 500个，并逐步向美国、日本等发达国家扩展。

森林幼儿园里的孩子，每天都会到“教室”学习，而大自然就是他们的教室。园长索斯滕·莱内克说：“即便是零下28摄氏度，我们也在室外待着，孩子们从没得过感冒。”

在这样的幼儿园里能学到什么呢？比如有一天的主题是野外生火，孩子们需要掌握自己点燃篝火并让其保持燃烧的技能，当篝火因为受潮快要熄灭时，小朋友们就会拿起一些小树枝，拨弄火苗让它重新燃起来。

森林就是大自然的代名词，森林幼儿园可以是森林，也可以是一个农场或者一片海滩。说白了，就是让孩子在大自然里学习。树叶、泥土、小动物就是孩子们天然的玩具，在这个幼儿园里，孩子们忙得不亦乐乎，忙着雨中追逐、踩泥坑、烧木棒、烤土豆……

可是，就在我们对“森林幼儿园”心生向往时，身边的孩子们却在远离自然啊。

一天，为了拥有一个安静的妈咪聚会，我们想让几个孩子出门玩。他们正凑在一起用平板电脑玩游戏，一步也不想挪动。我们问：“你们为什么不愿意出去玩呢？”他们异口同声地回答：“因为家里有插座啊！”

理查德·沃夫写了一本书，名字叫作《失去山林的孩子》。刚看时，我还不相信会有什么“大自然缺失症”呢，可当我看到越来越多的孩子赖在房间里不愿走出家门时，才意识到现代孩子被电子产品绑架的现实。虽然我们身边的“森林幼儿园”很少，可说到大自然的教养，大家都不陌生，都明白要让孩子多接触自然，但自然具体能带给孩子什么就不是那么明确啦。

自然，让孩子触摸到真实

一天，我给女儿讲故事《七彩下雨天》，孩子对雨很感兴趣，问题不断：“妈妈，为什么雨有时是点？有时是线？雨落到地上就会消失吗？”

我耐心解释，孩子频频点头，却好像缺了些什么。正巧婆婆从外面回来，抖着衣服上的水说：“外面的雨下得好大啊。”我忽然灵机一动，对孩子说：“走，妈妈带你去看雨！”

跑进雨中，孩子特别开心，伸出小手去接雨水，说：“妈妈，雨水好凉啊，它掉在我手心上就会变成一朵花！”

我们在雨中的花园里穿行，孩子忽然兴奋地大叫：“妈妈，你瞧，雨水在树叶上是一个点，从屋檐上落下来就是一条线呢！我仔细一看，绿色树叶像艘小船，圆溜溜的雨点儿在上面滚来滚去，远处的雨水从屋檐上落下，则形成了水帘。”

看着欢喜的孩子，我忽然发现，半小时细细讲解的概念，还不如这10分钟的亲密接触呢，原来，讲故事时，我总觉得缺了点儿的东西就是真实感触啊。纸上得来终觉浅，触碰不到真实，获得的知识也是肤浅的呀。

我们教孩子唐诗“人间四月芳菲尽，山寺桃花始盛开”。如果，只按字面意义告诉孩子“海拔越高，温度越低，导致山上春天来得更迟”，孩子听起来恐怕似懂非懂。要是我们带着孩子走进山林，让他亲身体会到“一山有四季，十里不同天”的特色，这种真实就能让他更深刻地理解！

瞧，是自然让孩子触摸到了真实。

自然，让孩子心中的世界变得很大

朋友给我讲了一个故事。

去年，女儿遭遇了自己人生的第一次重大挫折：中考失利。这孩子就像是忽然从山顶跌到了山谷，每天躲在房间里偷偷地哭，什么都不想干。

我决定带女儿去露营。那晚，母女俩坐在山顶看星空。

我说："宝贝，你还记得我们一起看过的电影《狮子王》吗？辛巴爸爸和辛巴一起看星星的时候说，死去的先王变成了天空中的一颗星星。对于浩渺的宇宙而言，我们就像一颗星星那么渺小。"

女儿若有所思地看着远方。

"有一句话是这么说的：当我们观察到无限的时候，才会意识到，还有很多更重要的事。考试没发挥好，现在的你一定觉得它是件天大的事，可你要是把它放在漫长一生中去看，甚至放到整个宇宙里去看，真的是微不足道啊，对不？"

"而且，宝贝，你知道吗，宇宙中所有状态都在不断变化呢，你瞧，刚刚还很亮的星星已经消失了，另一颗不知名的星星又出现了。人生也是一样啊，不会一直闪亮，也不会一直黯淡，所以，一时的得失真的不重要呢。"

女儿凝望着遥远星空，脸上慢慢有了释然的神情。

露营回家后，女儿的心情渐渐开朗起来。

那晚的星空让孩子心中的世界变大了，那些被放大很多的失落，自然也变小了。当孩子将自己放入浩瀚广阔的自然中，感受到大海、星空、草原的无限时，心境就会变得豁然开朗。

瞧，是自然让孩子心中的世界变大啦！

自然，就是孩子本身

有一对小姐妹，是出生在西双版纳雨林中的孩子。她们的父亲是德国生态学家马悠，坚信孩子和自然是最和谐的伙伴，经常带着姐妹俩走进雨林，在大自然中快乐生活。这对小姐妹能听见落叶的声音，和花朵交谈，感知大树的力量。她们喜欢采集植物做颜料画画，还发现了好多有趣的植物和石头。

这画面美得毫无违和感，对不对？我想，那是因为自然和孩子本来就是一体的吧！自然是本真而不加掩饰的，孩子不也是吗？你看他们天真烂漫地笑着，毫无顾忌地在草地上翻滚。自然是开阔豁达的，孩子不也是吗？你看他们前一秒还在哭着闹着，下一秒就已经笑了起来。自然是万物生长有序的，孩子不也是吗？他们饿了就吃，困了便睡，有着自己的生长规律……

不知你有没发现，孩子天生就是喜欢自然的，不用任何引导，他们就自然而然地爱着雨水、草地、泥土、沙坑……你看他们在自然中嬉闹欢笑，不就是孩子本来的样儿么？

自然，其实就是孩子本身，我想我们有一万个理由，暂时放下手中琐事，补上这堂欠孩子太久的自然课，带孩子找到本来的自己，或许，还能找到我们丢失的自己呢。

相信我，自然和孩子，绝对是最好的伙伴，孩子在自然的怀抱中释放天性，自然也会因为孩子的存在而更加生动。

如何开发孩子的艺术潜能

朋友女儿所在的小学，不仅开设有专门的Art课程，还会定期开展艺术培育类活动。更让我赞叹的是，每周老师都会开出一个推荐清单，让学生带回家。

老师推荐的艺术展是专门为孩子做的展览。让孩子去发掘一个个方正的院落、一鳞鳞铅灰的屋瓦、一片片墨绿的树荫、一座座大小的门楼……到底美在哪里？

这份清单里有适合孩子的展会、戏剧表演和音乐会等，家长可以根据自己的情况，挑选合适的带孩子参与。学校制作这个清单，就是希望家长能尽量做到定期带孩子进行艺术熏陶，为孩子创设艺术环境。

国际学校对艺术培育的重视，其实都是基于未来对人才的需求标准。给大家讲个很具体的案例吧，我在法国旅行的时候，曾到过巴黎的美学研究所，发现在这个临近埃菲尔铁塔寸土寸金的黄金地段，华为租了一个办公场所，养着一大帮不创造直接价值的“闲人”，他们既不做硬件，也不搞软件，成天就做一件事：美学研究。

我当时不是很理解，花这么大成本养这些人值得吗？不如把钱拿去搞研发啊。后来，看了几次手机发布会，忽然明白了，这根本不是值不值得的问题，而是必须做的事。在这个时代，仅有科技而没有美学的产品，是会被淘汰的。未来，更是如此。据说，以后包含有艺术性、创造力的工作才是薪酬最高也最不容易失业的。

我知道艺术培育挺重要的，问题是我们自己从小就没经过什么艺术熏陶，缺乏艺术细胞的我们该怎么培养孩子的艺术潜力呢？

培养孩子的艺术素养，艺术零基础的家长能做吗

说到艺术培养，我们首先想到的是画画、书法、做手工，感觉这些都是专业老师才能干的活儿，零基础的自己，能帮什么忙呢？关于这个问题，我们来听听家庭美育家戴亚楠女士是怎么说的。

她举了个例子，当一个孩子和妈妈一起布置茶席、尝试茶道时，他闻得到茶的香气，听得到沸水入壶的声音，看得到茶汤流动的色泽，懂得端坐等候一杯香茶带来的安静恬然。这一切给孩子带来的感受，会长久地存储在他的记忆里。美好的声音、色泽、味道流经心里的温暖，比记住所有茶具的名称和茶道流程更接近艺术的实质。

这个案例说明，**艺术培养，不见得是多么具体的事，其实质是塑造环境，潜移默化、润物无声地打开孩子的感受力。所以，艺术培养的大部分都可以在生活中完成。**

生活中处处都有艺术培养的机会，烹饪、阅读、旅行……就算是艺术零基础的家长，只要能在生活的方方面面加入一点对美的营造和追求，孩子接收到的世界就会大不相同。

带孩子看艺术展的必要性

“打酱油”也是一种学习。

千寻第一次看艺术展刚满1岁，我还记得看的是一个叫“宠物未来之家”的设计展。她歪歪扭扭跟在我屁股后面，满展厅游走。设计理念自然是一窍不

通，好在也不影响她对展品的好奇心，什么都想摸摸，倒是一副兴致盎然的样儿。

我也曾想过，这么小的小朋友去看展是不是打酱油啊，反正也看不懂。而且有好几次，我们去看画展，她不是疯跑就是到处找好玩的，并没有安安静静规规矩矩地看展。但前几天，我看她美术课的作业，惊讶地发现，和前不久我们去过的一个展览的作品风格有相似之处。看来，某些东西还是在看展的过程中，润物细无声地影响着她。

我的经验是，带孩子看展不用太刻意，重点是给孩子提供一个美的环境，孩子自己就会去感受、去吸收。也许刚开始孩子还不能融入展厅安静的环境中，但这时候，如果你很认真投入地欣赏，孩子也会受到影响，去模仿你的行为。

其实，带娃看艺术展自己也可以顺便熏陶熏陶，正好补课了。

把艺术变成生活的一部分

最适合孩子的家庭艺术培养方式是什么？是把艺术变成生活的一部分。

有个周末，我在家翻时装杂志，千寻总跑过来捣乱，我灵机一动，跟她说不如我们去烤饼干玩吧！她自然是欢喜雀跃拍手赞成，我们研究了时装的色彩，发现是“红黄蓝+黑白”的组合，上次烘焙课余下不同颜色的糖霜正好派上了用场。接着小心勾线轻轻抹，鼓捣了一下午，可爱的饼干终于新鲜出炉。

也许你会觉得，想给一个4岁孩子，讲清楚蒙德里安风格的内涵几乎是不可能的。但我们可以把同样的美融入生活里，让孩子自己去感受，这种对美的感受自然就会在他身上慢慢沉淀和积累。

这样的机会还有很多。比如，秋季的银杏叶很美，我们在欣赏银杏摄影展的同时，是不是可以捡几片叶子和孩子一起制作一张树叶画呢？

偶尔也可以通过改变家具位置，增加一些软装饰来改变家居风格。这时候，不妨邀请孩子加入，和他一起设计，一起去采购合适的用品，也是个不错的选择。甚至，你还可以在家里开辟出一小块涂鸦区域，让孩子尽情发挥。

如何带孩子欣赏高冷的世界名曲

很多家长不知道该怎样让孩子欣赏音乐，尤其是古典乐，简直是高深莫测无从下手。这里，我想把国际学校一堂音乐鉴赏课的案例分享给大家。

这堂课孩子们要听的是贝多芬的《命运交响曲》。

老师没有直接放曲子，而是先用风趣的语言讲了贝多芬的故事："贝多芬的生活非常幸福，他每天都沉浸在音乐里，可当他从音乐里出来的时候，发现，哎呀！屋子里怎么乱得像杂物堆一样，他的心情一下子就低落下来……可总不能一直这么低落下去吧，他想，算了，我还是出去吃饭吧。一出门，他看见下过雨的天空好美啊，还有被晚霞染红的绚丽云彩呢。就在他抬头看云彩的时候，忽然有个年轻的姑娘走了过来……贝多芬觉得她实在是太美了，肯定是天使派来的。回家后，贝多芬就写下一首曲子……"

经过故事的铺垫之后，孩子们已经对《命运交响曲》非常向往了，这时候，老师才打开音乐……

我不知道你们有没有过这种感受，在不同年龄听同样的音乐，会有不同感触，这是阅历沉淀带来的区别。所谓阅历沉淀，就是能理解音乐背后的故事。所以，对于没有阅历沉淀的孩子，听音乐前，爸爸妈妈最好先做些功课，查一查这些音乐的出处、典故，给孩子讲讲故事。

孩子总是要你帮他画画怎么办

当孩子央求成人"画画"时，并不是让成人给他画形象，请你理解为"一起画画吧"。

相信很多妈妈都遭遇过这样的场景，在孩子刚刚学画画时，总是喜欢央求大人帮他画。千寻2岁多，对画画刚产生兴趣时，也是这样。一旦我给她画了太阳，她要么就自己只画太阳，要么就继续央求我给她画上别的。我当时特别纠结啊，不给她画吧，担心她彻底没兴趣转移了注意力，给她画吧也感觉不妥，毕竟我是希望她能自主创作，而不是模仿。

后来，我在日本著名教育家、画家鸟居昭美写的名为《培养孩子从画画开始》的书里找到了答案。这本书大家可以买来看看，个人觉得读完它，你一定不会再问“怎样教孩子画画”这样的问题了。

鸟居昭美认为，孩子央求成人“画画”时，不是让成人给他画形象，而是想要模仿画画这个动作。因此，当你的孩子要求你“画画”时，请打开信纸之类的东西，在孩子旁边做出写写画画的样子，这样孩子就会感到满足。

千万不要画出像模像样的东西来，那只会打消孩子的积极性（你太优秀了），并且对物品形成固化的印象。应该像这样，比如画着连续的圆圈，一边画，一边和孩子聊天：“快看，多大的太阳公公啊，它还笑眯眯的呢。”孩子看到后会很想参与进来，也就有兴趣画画了！

体育运动，带来强壮体魄和拼搏精神

艺术和体育是国际学校两个很明显的优势，上一篇我们介绍了艺术，这篇为大家介绍体育。

近10年，西方教育理念开始在国内流行，西方重视体育的精神才跟着热起来。但总的来说，大部分家长对体育的认识，还处在稍有认知缺少章法的阶段。拿我自己来说吧，作为平时不怎么爱动的文青妈妈，关于孩子的性格培养、美育什么的还能掰出点道理，说到体育还真是有点两眼一抹黑。

国际学校在体育教育方面已跟发达国家接轨，不但提供橄榄球、棒球等体育项目供学生课外活动，更有一套科学合理的体育训练方法。朋友说，如今体育已成为女儿的必修课，而她也亲眼见证了体育给孩子带来的变化，包括自信的面貌、不服输的精神和强健的体魄！

为什么要重视孩子的体育运动训练？

最近，我在LInkedin（领英网）上看到一位叫戴夫·富尔克（Dave Fulk）的企业家发的帖子，正好解答了这个问题：

“我根本不是把钱花在孩子的体育上了，我甚至对孩子参加什么体育项目都不关心。那么，如果我没为体育花钱，我的钱到底花在什么地方了呢？

“我为孩子学会了在没有取得期望的排名和头衔时能面对挫折、克服困难，并竭尽全力继续努力花了钱；我为孩子学会了制定目标并努力实现目标花了钱；我为孩子学会不仅尊重自己，而且尊重其他运动员、裁判和教练花了钱……

“我还能说出更多花钱的地方。但是简而言之，我并没有为体育花钱，我的钱花在了伴随体育而来的发展孩子终身受用的品格的机会、给孩子创造赞美他人生命的机会。就目前我所观察到的，我认为这钱花得相当值！”

帖子很快就获得了上千评论、上万个赞。我觉得这位爸爸真是太有智慧了，用几句话就道出了体育的内涵。原来，体育对孩子的影响这么大，看到这儿，你是不是也和我一样有点坐不住了，恨不得马上带娃去报个运动兴趣班？

别急，接下来我就给大家介绍国际学校搞体育的方法，他们把孩子的体育训练分为三大板块：打基础、弄组合、作补充。循序渐进，一个板块接着一个板块地进行最好。

先打好体能基础

朋友女儿所在的国际学校，第一节体育课就是体能测试，老师会根据不同孩子的测试结果来推荐运动项目，对体能基础不好的孩子，甚至会建议家长不要急着给孩子报课外班，而是先增加户外活动，把体能训练这一课补上。

啥叫体能？对孩子来讲，体能就是摸爬滚打，奔跑、跳跃、协调能力、平衡能力、身体的反应能力、动作速度，还有空间感知力。

体能有啥用？提高身体素质增强抵抗力不容易生病就不用说了，体能强的孩子神经耐力也强，神经耐力体现在学习上就是专注力好。重点是，体能是所有运动项目的基础，体能好了，玩任何运动项目都更顺手；体能不好，报什么兴趣班都白搭。

为什么4岁前孩子不用急着上运动项目，而是要好好练体能呢？

首先，我们从实实在在的花销上看，体能不好的孩子上手难，进了兴趣班还得先补体能课，体能好的孩子都迈入第二阶段了，体能不好的孩子可能还停留在第一阶段，这多花的时间可都是真金白银。再从效果来看，上手难会导致孩子因为挫败感而丧失兴趣，很容易半途而废。

所以，与其白花钱还不见效，不如自己先把体能训练做在前头。在孩子精力超级旺盛的童年时期，让他们尽可能多地在户外嬉闹运动，接触各种各样的“器械”，以达到锻炼体能的目的。体能训练对场地要求不高，公园、社区小型休闲区都是很不错的地儿。我几乎每天都带千寻到家附近的公园爬猴杆，只是为了饭后消食，没想到无意之中倒完成了她的体能训练。

看她大汗淋漓地爬上爬下，我感觉运动量不小。有时，我们还会设定个小目标，比如，能坚持全身吊杆上多长时间，从刚开始的两三秒到现在的1分钟，挺不容易的。前几天，我带她去一个橄榄球学校上体验课，老师夸了她体能好，很有信心地跟我说：“这孩子用不了多久就可以进正式班。”我才发现，原来还有个热身班，里面全是体能不够的孩子。

不管怎样，大家一定要记住，在报运动项目之前做好体能训练很有必要！有时间，就赶紧带孩子动起来吧！

运动项目要注意科学组合

体能基础打好了，孩子年龄也大一些了，到了该上运动项目的时候了。

按理说，运动也是兴趣爱好，应该尊重孩子自己的喜好、意愿和特长。但国际学校老师有个比较好的建议，我当时听来也是耳目一新，觉得有必要分享给大家。那就是：报运动项目也有套路，不能完全靠孩子自己做主，也不要跟风瞎报，而要科学组合、良性引导。

体育项目大致分为两类，团体竞技类和非团体竞技类。比如橄榄球、足球等球类运动，属于团体竞技类，一定要有团队才能进行。像游泳、跑步、花样滑等运动，就不是非要有团队才能开展的，一个人就能独当一面。

说到体育运动，大家很容易联想到竞技、拼搏、协作这些品质，所以团体竞技类项目一直是家长的首选。的确，团体竞技类项目非常锻炼孩子的合作能力甚至是领导力，而非团体竞技类运动项目却能带给孩子全然不同的体验。

朋友举了自己的例子。在老师建议下，她给女儿报了花样滑冰，与团体类运动项目搭配。她说："刚开始，我也不觉得花样滑冰与其他团体运动项目有什么区别。在孩子练习过程中才发现，这种个人项目给人的压力值更大。比赛时，整个冰场就你一个人，成败全在自己身上，连个队友都没得依靠，对孩子心理素质是个极大的考验。而且，平日训练相对孤独，少了团体项目里同伴的召唤，坚持变得更加艰难，能熬过来的孩子自律性会有很大提高。"

我当时听完第一反应就是，团体类项目和个人类项目，不论是塑造孩子性格品质还是培养能力，是各有所长的。如果你和我有一样的感受，你就一定能理解为什么给孩子报运动项目要尽量做到这两种类型组合了。

用游戏来作为运动的补充

体育肯定是可以锻炼一个人意志力的，需要坚持、忍耐的时候很多。但这并不是说体育训练就必须搞得苦大仇深……我觉得，国际学校在这点上做得特别好，他们尽可能地把体育搞得很好玩，这也是游戏化教学的一个体现。

这是千寻在国际学校开放日上体育课的场景。这个游戏是打水球，他们在气球里装满水做成水球，然后利用杠杆原理做了竹竿炮台，分为若干组对战，孩子们要不断跑来跑去捡球、放球、发射，运动量不小。而且，体育课结束后，小朋友们还得自个把炮台拆掉，把竹竿全部搬回道具室，真的很消耗体力。

不过，他们玩得超级嗨，没一个娃叫苦叫累。我觉得，这就是体育游戏的魅力。在体能训练和运动项目之外，如果能用体育游戏作有益补充，孩子对体育运动的兴趣才会更加持久！

创造力：每个家长都能掌握的“项目思维”

千寻在一次创意手工课上被老师大大地表扬，高兴得回家连吃两碗饭，结果乐极生悲，撑坏了肚子，这个周末哪儿也没去成，在家休养生息。

我第一眼看她的作品，觉得挺普通，不就两只恐龙嘛，做工肉眼可见的毛糙。但老师说做工不是重点，重点在内涵。千寻根据自己想象做恐龙，有人做剑龙，有人做霸王龙，形态各异。不过，大家都只做了一只恐龙，只有千寻做了一大一小两只恐龙。

她跟老师讲，大恐龙是爸爸，小恐龙是她，大恐龙在问：“8的好朋友是谁？”小恐龙一时记忆断档，没回答上来。

我听了老师解读，再去看她作品，发现真有那么点意思。

那段时间千寻正备战幼升小，她爸在强化“凑十法”，面对偶尔心思不在线的孩子，难免着急，那张大嘴的样子，别说，还挺神似。

老师点评，能把生活里的场景巧妙融入作品中，很有创造力。

2018年冬季，我们到北京玩雪，雪场时不时有机器把雪铲平，正好我们带了些乐高机器人配件，她回想老师之前讲过的方法，再借助她爸这个编程小能手，用履带齿轮组合，搞了个铲雪车，惊艳到不少人。

创造力是可以后天培养的

不过，你肯定想象不出，这个对创造充满兴趣的孩子，2年前，连凭空想象都嫌难，甭提创造点什么东西了。那时候画画，她总是迟迟不落笔，老问我该怎么画，我说“你按你自己的想象，大胆画就好”，她却说想不出来。

从对创造无感到爱上创造，孩子创造力的发展，我用了差不多2年来积累。

2年后，有了一个体会：创造力并不虚无，它是可以培养的。

其实外面的机构，多是给有创造力的孩子提供发挥空间，并不擅长从无到有地培养孩子的创造热情。因为创造力并不是具体的美术、音乐、机器人，而是设计思维与实践能力的结合，这种思维和能力，需要从生活点滴中积累。

接着，你肯定会问我，平时该怎么教呢？我有一个思路分享给大家，这个思路源自麻省理工教授米切尔·雷斯尼克提出的“4P学习法”。

米切尔·雷斯尼克是创造力领域的大咖，乐高大家都熟悉，在全世界小孩乃至成人心中，它是创造力的代名词，尤其是乐高机器人的出现，实现了积木与科技相连的奇迹。

这位大个子教授，在麻省理工学院开办了“终身幼儿园”项目，专门研究儿童的创造力培养。“4P学习法”就是他在这个项目中总结而成的。

4P分别指的是：游戏（Play）、项目（Project）、热情（Passion）和同伴（Peers）。我想给大家分享的是我最有感触的第二点：项目（Project）。

2年来，我一直将它作为培养千寻创造力的主要思路，在日常生活中反复践行，收到了不错的效果。

我们对创造力的误解

当说到孩子有很多奇思妙想，会觉得这是创造力的表现，没错，想象力的确是创造力的基础，但它并不等同于创造力。在想象力和创造力之间，有很重要的一步需要跨过去：让想象落地，将想象变成具体可呈现的东西。

这就是项目（Project）的精髓，项目的意思是让想象与实际发生联系，最终呈现出实实在在的东西，就像做项目一样，设计到最后必须成形。

举个例子。某天晚上，我和先生带着一群孩子在绘本馆看书，突然停电，我们找来手电筒在墙上打出光，大家一起玩手影。

小朋友很兴奋，因为没有任何限定，他们可以自由发挥，比画奇怪的影子，编好玩的故事，一个孩子讲一段情节，另一个孩子又把自己想到的情节加入，故事也越来越精彩。

换以前，没有“项目思维”的时候，我会觉得这个临时起意的游戏很不错，孩子们参与其中，充分发挥了想象，但也仅此而已。

有了“项目思维”后，我多做了一些事。

电来之后，我将小朋友聚在一起，提议把我们刚刚编的故事梳理成完整版，我来负责记录。

有小男孩插话：“是要做一个绘本吗？”

这个创意很棒，得到了其他孩子的响应，我们说干就干，有人负责画画，有人负责想标题……最后还真弄出了一个绘本，名字就叫《停电夜》，作者是所有参与制作的小朋友。

虽然，绘本只是由几页A4纸构成，看起来很简陋，但孩子们特激动特有成就感，因为他们通过自己的努力把想象变成了实物！

说来可惜，很多家长其实是做到了不设限和促发孩子想象力的，但孩子的想象力冒出来后，却没有跟进，没有试图引导孩子像完成一个项目那样去行动，把想象变成现实。

我想说，如果你计划培养孩子的创造力，就一定要时时提醒自己：想，不是创造力，从想到做，才是创造力！

从认识到“做到”的重要性

我开始在日常生活中不断践行。

有一天，和千寻在楼下散步。她看见一棵日本红枫，跟我说：“妈妈，你看那棵树好像烧起来了。”

接着她又问：“树燃烧起来是什么样子呢？”

这是一个充满想象力的问题，我们兴致盎然地设想了很多场景。回家后，我提议：“不如我们根据刚才的想象，来创作一幅《燃烧的树》。”

于是，我和千寻一起创作了这幅画。树干是我画的，树枝和树叶都是千寻用小榔头敲画笔敲出来的，部分地方用手指涂抹。

还有一天，我们去一家度假村玩，住的是星空主题房，房间里装饰了一些太空里的场景。千寻想象应该有一个基地舱供人们参观，我说那我们可以利用房间里现成的道具来做。然后，就有了这个“太空基地参观舱”。看见舱门前的牌子了吗？小老板表示，刷二维码付费才能入场。

通过无数次实践，我摸索出了一个从想到做的实操思路，供大家参考：

灵感互补→技能支持→及时鼓励→合理反馈

意思是，当孩子冒出想象力，你可以帮他把灵感延伸，在做的过程中，孩子能力有限，你要尽力提供技能上的支持。当孩子遇到困难（这个状况时有发生），需要你的及时鼓励。最后，当项目成型，我们要给予充分的反馈。

前几天，我在凯西·戴维森的著作《现在你看到了》（*Now You See It*）里看到一句很有焦虑感的话：“现在的小学生，大概有三分之二会在将来从事目前尚未发明出来的工作。这意味着，孩子还在接受‘过去的教养方式’，却要面对未来的问题。”

她用这句话引出的观点是：要想在变化快速的世界蓬勃发展，创造性的思考和行动的能力就变得前所未有的重要。

其实我有不同的看法。我觉得，培养孩子的创造力，并不仅仅是为了应对未来的工作。

事实上，创造力还可以给人带来快乐和成就感。我可以负责任地告诉大家，当孩子亲眼见证他的想象变成实物，那种创造力带来的超越个人能力限制的自信与充实，真的是无以言表！

第7章

“用力”管孩子 不如让孩子自我管理

自控力比智商更重要

米歇尔（Walter Mischel）博士在斯坦福大学附属幼儿园进行了著名的棉花糖实验。

4岁孩子坐在桌前，桌上放着一块棉花糖。研究员对孩子说：“我现在要离开房间，如果你在我离开时吃，只可以吃一块。但如果你能等我回来再吃，我会再给你一块。记得哦，如果你在我离开时吃了一块，就没有第二块了。”孩子点点头，然后研究员离开了。15分钟后，研究员再回来。

实验中，一些孩子不假思索立即吃掉了第一块棉花糖，只有30%的孩子选择等待，拿到了第二块棉花糖。

米歇尔做了跟踪调查，当参加实验的孩子18岁时，那些等待时间长的孩子，学业成绩明显超过等待时间短的孩子：他们的SAT（美国大学入学考试）平均高出210分；其他方面也显示出优势，社交能力更强、事业成功、家庭和谐、体质指数更胜一筹。

这个实验让我们看到了自控力对孩子一生的影响。

其实，随意观察一下身边的人，都不难发现自控力的重要性。学霸往往是自控力强到变态的同学，人家的计划表是用来执行的，而学渣们的计划表是用来安慰自己的。职场上，迅速从菜鸟升级为精英的，也都是自控力强的人。

但更多的人是没什么自控力的，明知道晚上吃东西不健康，还是忍不住想吃泡面；很想考高分，却没办法好好复习……

那么，自控力是天生的吗？为什么有些人善于自我控制，有些人却做不到呢？

心理学研究证实，自控力还真是天生的，它来自大脑前额叶皮质，由人大脑中的生物能量决定。不过，它也是一种“肌肉模型”，就像肌肉一样，用进废退。有些人天生强一些，但后天不训练也会退化，相应地，就算天生弱，后天只要加强训练，一样能变强。

棉花糖实验也说明了这点，研究员们发现那些等更久的孩子并不都是天生自控力强，很多是用了方法，比如转身不看棉花糖或者把手坐在屁股下，让手不能去拿。这些方法可以通过后天训练习得。

既然自控力可以通过从小训练增强，接下来我们就探讨一下，怎样训练能帮助孩子提高自控力。

延迟满足就能提升孩子的自控力吗

或许是受到棉花糖实验的影响，家长会倾向于将自控力与延迟满足联系起来。

什么是延迟满足呢？最常见的情况就是带孩子上街，孩子要买这买那，家长不给买或者说以后再买。这属于最简单的一种延迟满足，可如果认为这就是训练自控力的全部，就有些片面了。家长在训练孩子的自控力时，要注意到这个问题：延迟满足法是有局限性的。

一个妈妈曾跟我抱怨：“我用了延迟满足，孩子的自控力不仅没提高，反而更差了。”她说：“去超市，孩子想买巧克力豆，我告诉他，如果你可以忍耐一个月不吃巧克力豆，就能得到你想要的变形金刚。这一个月他控制得很棒，一颗巧克力豆都没有吃，我也兑现承诺给他买了变形金刚。可第二个月，有一天我回家，发现他把我藏起来的巧克力豆全找了出来，吃得精光！”

这个事例说明了延迟满足法的局限性。自控力是内化的能力，就像它的名字一样，是“自己主动去控制”，而我们使用延迟满足法时，其实是用外在力量影响孩子。靠外力实现的自控，短期内有一定效果，但长期来看肯定不如孩子主动控制好。

因此，**家长要从全局出发，在生活中引导孩子自发地训练自控力，而不是纠结于满不满足孩子的要求。如果孩子的要求合理，就没有必要推迟，总是故意不满足孩子的要求，盲目地延迟满足，反而会伤害亲子关系。**

训练孩子自控力的三个好方法

让孩子主动练习自控力，效果会比被动型延迟满足好很多。美国康涅狄格大学发展心理学博士陈忻女士推荐了三个利用孩子的主动性来训练自控力的好方法。

第一，通过游戏让孩子练习自我控制。

一个游戏叫“请你跟我这样做”，很多幼儿园老师都会带小朋友做这个游戏。这个游戏非常适合3岁左右低龄段的孩子，因为，三四岁孩子的前额叶皮质发育还不完善，这时候的自控力训练更多是实现行为与意志的配合，游戏过程中，孩子要集中精神，跟着做出同样的动作，就是意志控制行为的最佳练习!

另一个游戏是我们常玩的“躲猫猫”。你会发现，孩子越小，越容易暴露目标，经常自己忍不住就蹦了出来，大一点儿的孩子则更沉得住气，这就是自控力发育的体现。经常玩“躲猫猫”游戏，对孩子来说，是一种自控力的充分锻炼。还有“木头人”“谁先笑”等游戏，效果都不错。在游戏的情境里，孩子更乐意主动控制自己。

第二，短暂等待。

短暂等待和延迟满足不一样，它给了孩子一个确定的指向，并且时间相对较短。很多时候，我们容易低估孩子的等待能力，因为他们总是表现出马上就要反馈的样子，让我们觉得孩子都是急性子。其实，儿童心理学研究发现，1～3岁的孩子，已具备了短暂等待的能力，比如他们能等到别的小朋友玩过后，再玩同一个玩具。

生活中，我们可以有意制造这样的机会。当孩子请你帮他做一件事时，你可以告诉他："妈妈还有事，5分钟后能帮你，你可以等一会儿吗？"当孩子问你问题时，你不妨说："这个问题很有意思，让妈妈想一下，你也再思考一下，5分钟后我们来交换答案好吗？"当孩子渴望立即得到回应，兴奋地要跟你讲一件事时，如果你正在忙，大可不必停下手中事转向他，而可以让他稍作等待。

短暂等待不仅能提高孩子自控力，还有很强的现实作用。孩子总归要进入集体生活，在学校，在社会中，别人不再像爸爸妈妈一样关注他并随时给他回应，从小练习过短暂等待的孩子适应起来应该容易很多，也更能体谅他人。

第三，不要打断孩子的自言自语。

如果你留心观察，会发现孩子在刚学会一件事时，喜欢边做边自言自语讲步骤。比如，刚学会系鞋带的孩子，他会一边系一边喃喃自语地说出每个步骤。

著名心理学家维果斯基解释了孩子这一行为：**这是孩子自控力发展的自然表现，因为自言自语时他们可以更专注、更持久。**

孩子通过自言自语重复步骤，既有助于他们记住这些步骤，同时更是把原本需要父母或老师给出的指令，变成自己可以控制的行为，所以，当我们发现孩子做事时自言自语，千万不要打断他，不但不要打断，还可以在他做完后，再陪他复述一遍步骤。

每个人的自控力都是有限的

在我们知道如何训练能提高孩子自控力后，我还想告诉大家一个很重要的事实：自控力是有限的。美国心理学会指出，自控力对个体来说是有限的、会被损耗的资源，我们在对抗诱惑时，也在损耗着自控力。

不过，不同的人损耗自控力的速度是不同的。

那些被自己内在目标驱动的人比较不容易损耗自控力，而认为自己是被迫进行自我控制的人以及那些出于讨好和满足他人需求去行动的人更容易耗尽自控力。

也就是说，如果孩子在做一件他非常渴望的事，自控力比较不容易损耗；相反，如果他只是被迫做一件事，自控力就会不堪一击。

这个我很有体会。有段时间因为患了支气管炎需要在医院输液，我插着针管还在用平板敲字，旁人看来一定觉得这个人真是自律啊，带病还坚持工作。其实，我能坚持的主要原因是写作真的是我非常热爱做的事。相比而言，我在减肥上的自控力就差很多了，刚刚发完毒誓要戒甜食，转身就安慰自己，算了，吃饱了才有力气减肥……

所以，我想说，培养孩子自控力除了实用的方法，还有一个核心本质：**当孩子找到自己真正渴望去做的事时，会爆发出让你惊叹的自控力！**

我感觉，梁实秋先生这句接地气的话，把“自控力”这个原本抽象的概念，很通俗易懂地表达了出来：“克制，是为了成就更好的自己。”

报复性惩罚，会把孩子越管越坏

当孩子行为越界、不听话、不配合时，你是不是也很生气？

盛怒之下，你是不是也曾下意识地用报复性惩罚管教孩子？

“你再不好好吃饭，待会就别想看动画片！”

“你现在磨蹭掉的每一分钟都是自己的，5分钟后还没洗漱完，明天的郊游就取消！”

……

我一度以为，随着千寻长大，我自己也在成长，不会再出现这样的情况。但有一次，理性的我也忍不住情绪失控，陷入报复性惩罚带来的恶性循环里。

有些惩罚，不是教育，只是报复

千寻5岁的时候，一个周四的晚上，我和千寻商量好，提前半小时洗漱睡觉，因为她第二天要早起，参加幼儿园的“小学访问日”活动。

洗澡的时候，千寻突发奇想，拿了一个废弃的沐浴液瓶子做喷泉实验。她不断将水灌进瓶子，再挤压出来，玩得不亦乐乎，完全忘记了时间。

我和颜悦色地提醒她赶紧洗完睡觉，否则可能耽误第二天的行程。

几次提醒无果后，就有些生气。

直到22：00，想到还有好几份棘手的工作邮件等着处理，而她还在浴室里自嗨，那一刻，我再也忍不住，冲她喊道，“你现在还不从浴室出来，明天的活动就不要参加了！”

听我这么说，千寻的倔脾气也上来了：“不参加就不参加！”

我一下子陷入了两难的境地。现实是，我根本不可能剥夺她参加活动的权利，而这个无效惩罚，不仅没让她收敛行为，反而引发了敌意。

结果，我们两个人都被这次冲突弄得很不开心。她气鼓鼓地，我也很受挫又内疚。

为什么我们会下意识地使用报复性惩罚

一开始，我为自己找了很多理由，千寻太没时间观念了，说好的早睡，一遇到好玩的事，就忘光光；我一个人带孩子也太累了，工作与家庭好难平衡……但静下心来想想，我发现这些都不是主要的原因。

最主要的原因是：面对孩子的问题，我第一反应是要管好她，纠正她的行为；而不是先管好我自己的情绪，想想用什么方法应对才有效。

我关注的是孩子行为，而不是我自己能做什么。

P.E.T父母效能训练课程的开发者托马斯·戈登博士认为，父母这种“错位的关注”是引发亲子冲突最常见的问题，当孩子处于问题区，父母总想去帮助孩子解决问题，代替孩子成为问题解决的主体。

生活中，类似场景比比皆是：当孩子哭闹，父母最爱讲的话是“别哭了”，一心想的是让孩子停止哭闹；当孩子做作业不认真，父母在一旁怒气冲冲地催促，一心想的是让孩子赶紧完成作业……

我们在意的、焦虑的，都是孩子的行为。只要孩子的“问题行为”消失了，父母就会感觉好受。这种心态下，急着解决问题的我们，就会下意识地使用那些简单粗暴、看起来能快速见效的方式，比如报复性惩罚（有没发现，大人情绪化起来，和孩子也差不多呢）。

报复性惩罚会给孩子带来什么伤害

塞尔玛·弗雷伯格是美国幼儿心理健康和发展精神卫生治疗领域创始人之一、著名儿童精神分析专家。她总结出了报复性惩罚的两个特点：一是力度过大；二是毫无逻辑。

比如，孩子吃午饭时发脾气，把饭菜撒到桌子上，激怒了父母。

这时候，他的父亲说："某某，你再捣乱，就不要吃饭了，回自己房间待着，吃晚饭时才准出来！"

对这位父亲来说，他只是急着让孩子停止破坏行为，不是真的想让孩子在房间里待那么长时间。但对孩子来讲，惩罚的力度远远超过了他能忍受的范围，只会引起敌意和报复情绪。他可能会把全部心思用来想象如何继续反抗，而不是懊恼自己刚才幼稚的行为。

这对孩子的情绪管理培养很不利，容易激发逆反性格的形成。

报复性惩罚的另一个特点是毫无逻辑。盛怒之下，很多父母都会不假思索地抓住一项孩子在意的权利，把剥夺这项权利作为对孩子的惩罚。

就像前面讲到的例子，气急中，我用剥夺第二天参加活动的权利来惩罚千寻，因为我知道她很重视这次活动，只不过以小孩子心性，当下有好玩的，就忘了明天的安排。

但沉浸在玩乐中的千寻，没有亲身感受到后果，并不清楚玩水和活动之间的逻辑关系。于是，听到我的惩罚，她的反应是对抗。她想的是"妈妈不喜欢我玩水，她在报复我"，而不是"玩水会导致晚睡，明天起不来，我就没法参加活动"。

类似的场景还挺多，只要我们认真回想，总是能想起一两次。

"某某，你再不好好吃饭，今天的动画片时间就取消！"

（吃饭和看动画片没有逻辑关系）

"某某，你不认真把这几道错题改完，待会别想下楼玩滑板。"

（改错题和玩滑板没有逻辑关系）

……

孩子从这种惩罚中反思不到任何东西，反而会逻辑混乱。

在他们看来，这更像是父母的报复行为，而不是自己行为不当导致的后果。

如何避免报复性惩罚

第一，把关注点放到自己身上。

这是最近让我受益很多的一个思路。前面讲到，我们之所以会下意识使用报复性惩罚，一个很重要的原因就是把关注点放在孩子的行为上面，急于纠正孩子的行为。

那么，我们要做出的第一个改变，就是分清哪些是我要关注的，哪些是我不需要关注的。

不要盯着孩子的行为，企图快速解决问题，而是要把关注点放到自己身上，首先确保自己的情绪是稳定的，回应是理性的。（每次这么提醒自己，弱化冲突的效果很明显。）

最后，即便孩子没有按预想的结果发展，也不必被挫败感所围绕。

如果我们已确保自己的表现并无不当，而事情还是没有改观，那就让孩子学会承担行为导致的后果吧。

比如，我不盯着千寻玩水这件事，而是想想我可以做什么。我可以讲清楚行为可能带来的后果，询问她是否愿意承担，如果她表示可以承担，我大可以释然一些。我还可以转移她的注意力，告诉她我很希望她快点结束洗澡，和我一起玩临睡前的小游戏。

再比如，常见的“写作业磨蹭”问题，如果父母不是盯着孩子作业一味催促，而是想想自己可以做什么（帮助梳理解题思路，引导式的提问，一起做个计划表等），效果就会比催促好几百倍。

当我们不再将关注点放在孩子的行为上，而是放在自己可以做点什么上面，就会发现，冲突减少了，而我们也更便捷、轻松地实现了教养目标！

第二，把视角切换到孩子身上。

切换到孩子的视角，也是一个为愤怒情绪按下“暂停键”的好办法。

朋友曾给我讲过这样一件事，让我很感慨。

有一年春节，他带4岁儿子去洛杉矶的好莱坞环球影城，在侏罗纪公园里人特别多，人多本来就有点烦，儿子这时候突然闹着要抱，朋友很火大，忍不住呵斥了儿子几声。

没想到，孩子大哭起来，朋友不得不蹲下去哄。

当他和儿子同样高度时，突然发现，视线所及之处，全是密密麻麻的人腿，好像掉入一个黑暗森林，太恐怖了。

朋友说：“那一瞬间，我突然有点伤心，我好像从来就没有试着从孩子的视角去看过问题。”

我记得英文里有句谚语：“Put yourself in someone else's shoes.”中文意思就是“换位思考”。

换位思考说起来容易，做起来却很难。

很多时候，当我们为孩子的行为火冒三丈时，正是忘记了从孩子的视角看看。吼过千寻后，我冷静下来会想，她还是个5岁的孩子啊，贪玩本就是这个年龄孩子的天性，我有什么理由要求她每时每刻都像成人那样准确规划自己的时间呢？

回想一下吧，我们冲孩子发火的时刻，有多少真的是孩子的错？打翻的水杯，或许是“意愿和能力之间的差距”；衣服上的颜料，或许是“创意与规矩之间的矛盾”；不肯睡觉的哭闹，也许只是少了一句平心静气的安慰……

当你换个视角看问题，很多东西都会变得不一样。

“蹲下来”这个词，已经被说过太多遍，但又有多少父母真正理解并坚持运用呢？

我突然想到千寻最近刚学会的一个句子“站着说话不腰疼”。

每当我缺少同理心，她就会讲：“妈妈，你这是站着说话不腰疼。”这句话总是提醒我，站在我面前的是一个身高还不足120厘米的小孩，我应该蹲下来，以她的视角来重新看待问题。

还真别说，蹲下来的次数越多，我生气的次数就越少了，透过孩子的视角看过去，好像也没有那么多可生气的。

当孩子哭闹发脾气、行为越界、让你很烦恼的时候，把握住这两点：把关注点放到自己身上，同时把视角切换到孩子身上，就会收获巨大（更顺利的教养和更融洽的亲子关系）！

最后我想说，很感谢这次偶然的亲子冲突，它让我思考了很多，也改变了很多。

我愈加相信一句话：“每个孩子都是上帝派来的天使，她的到来，就是为了帮助我们成长为更好的人。”

谁都不是天生懂得怎么当父母，谁都会有情绪失控、大吼大叫的时候，重要的不是埋怨自己为什么做不好一百分妈妈，重要的是，我们能透过生活中与孩子共处的小事，去反思、成长、改变！

轻松用规则打造有教养的娃

让“熊孩子”变得讲规矩、有教养，除了做梦，你还有其他的好办法。

以前的以前，我们家就有个“熊孩子”，经常让我们犯难。

去餐馆吃饭，说好了要保持安静，没一会儿声音分贝就越来越高，兴至酣处，干脆站到餐椅上，任我好说歹说也不肯乖乖坐下。

游乐园里，大家都在排队坐滑梯，“熊孩子”嫌等待无聊，抄个近道去插队，被我死拉活拽弄回来后开始狂嚎，旁边妈妈那复杂的眼神让我永生难忘。

基于以上残酷现实，在看到“一妈妈担心娃哭闹，给同飞机乘客发耳塞”的新闻时，我竟眼前一亮，觉得这么好的方法自己肯定能用上……

不过，当时我也没有很担心。

因为我知道，“熊孩子”之所以“熊”，只是她刚好发展到了“自我中心”这个阶段，餐厅喧哗也好，拒绝排队也罢，都是“只看见了自己，没看见别人”的表现。

每个娃都要经历从“发现自我”到“自我中心”再到“适应社会”这几个阶段。

你稍加观察就会发现，2～3岁的孩子经常把“这是我的，我要！”之类以我为中心的字眼挂在嘴边，这就是他们发现自我后，开始体验“自我中心”的阶段。

不过，淡定归淡定，“自我中心”这个阶段是要打破的，因为孩子最终要适应社会，知道这个世界不是围绕着他一个人转。

重点是，怎么做才能既保护好娃的自我，又不让娃以自我为中心？

我认真思考了这个问题，结合实际经验，得出以下结论。

尽量不要用蛮力

假设千寻在餐厅中吵闹，我一脸厉色呵斥她：“安静！我不是让你不准大声吵闹吗？你再这样就立即给我回家！”

她肯定会因为害怕而有所收敛。

呵斥她的我化身成不可挑战的权威人物，她就算心有不服，也只能乖乖把自我藏起来。

不过，下次一旦我不在，她立马会恢复原样，甚至表现得更糟。

而且，蛮力用多了，久而久之，孩子藏起来的自我会越来越小，搞不好孩子的天真就再也找不到了。

建立规则意识，让“熊孩子”自然学会适应社会

我记得蒙台梭利在她的书中讲到如何平衡孩子的自我与服从性，她提出了一个新概念，叫“灵活的纪律”，它有别于旧式教育中那种不容反对的、被迫的“不许动”的强制纪律，是孩子自发的、主动遵守的纪律。

其实，这个“灵活的纪律”放在今天，就是“规则意识”。

规则是建立在平等基础上的，没有权威，只有共同执行者。先认同，才遵守。

一旦给孩子植入规则意识，就如同激活了他的正向功能，孩子自己就会约束自己的行为，还表现出一副“我做主，我乐意”的小样儿。当妈的，只用躲在一边偷乐就好，想想就很美好吧。

说到这儿，有妈妈举牌了：“你先别说植入‘规则意识’，光是让娃遵守规则都很难好不好？”

我相信这是大多数家长的心声，因为我自己也是这么走过来的。

改造一个“熊孩子”谈何容易，仅仅知道建立规则意识肯定不够，还得明白在实际生活中怎么做。切身经验告诉我，有效的规则至少得遵循这么三个原则。

1.规则可不能厚此薄彼。

你制定的规则是针对孩子一个人的吗？

之前，有妈妈跟我诉苦：“我家孩子喜欢边吃饭边说话，说很多话又很大声，常常耽误吃饭。我告诉他，吃饭时不大声说话是我们家的规则，可是一点儿效果都没有。”

我第一反应就是问她：“你的家人里，是不是有喜欢吃饭时大声说话的啊？”

她说：“你怎么知道？我老公就喜欢在餐桌上侃大山！”

我心想，这位妈妈你真“聪明”，给纪律披上一层温和的外衣，就想扮规则……这明明就不是规则。

规则是全体人共同遵守的具体规定，请注意，这里有两个关键词：全体人、共同遵守。

我们都知道，老师在制定“不大声喧哗”的课堂规则时，自己首先就不能“大声喧哗”，否则，还有哪个孩子愿意遵守？同样，父母不能要求孩子吃饭时保持安静，自己却在一边吃饭一边侃大山。

有些妈妈提意见：“大人跟孩子又不一样，总不能要求他21:00睡觉的同时我也21:00睡觉吧？”

嗯，说得有道理。像我这种长期一边装睡，一边焦灼地盼望孩子赶紧睡着的妈，太懂个人时间的宝贵性了。

不过，关于这点我的理解是“吃苦在前，享乐在后”。当孩子的认知水平还没达到理解你的阶段时，你只能尊重现实，调节自己，跟他遵守同一规则，先帮孩子养成好的习惯。

如果你执意认为，自己看电视，还能让孩子心悦诚服去睡觉。我只能说：“你行，你来！”

2.让孩子知道规则带来的好处和后果。

像小朋友这种追求即时回馈型生物，听到规则的瞬间，小脑袋就已经开启了速算模式：“我为什么要遵守这个规则，遵守规则有啥好处呢？不遵守又有什么后果？如果没啥好处，后果又不严重，我还是假装没听到吧……”

在发现这个事实后，我及时采取了补救措施，避免只讲规则的片面性，尽量把规则带来的好处或后果，统统给孩子掰透。

游乐园里，千寻不是嫌排队麻烦吗？有次我就故意由着她插了个队（顶着好大压力啊）。

见有人破坏规矩，其他小朋友纷纷效仿，几个大块头又把她给挤了回来。

她嘟着嘴一脸委屈，我说：“委屈啥啊，不是你带头插队的嘛。”

接着，继续现身说法：“游乐园制定排队规则，就是为了保证每个小朋友都能玩。要是不遵守规则，你能挤走比你小的，可比你个头大的也能挤走你，就像刚才那样，说不定你还得等更久！”

孩子又不傻，一旦懂得利害关系后，妥妥回归到了排队模式。

我觉得讲透规则的利弊，才是正儿八经的内化规则。

否则，孩子只知遵守，不知为何遵守，很容易变成规规矩矩的死脑筋，这就背离我们的教育初衷了。毕竟，培养规则意识又不是让孩子臣服于规则，而是要他懂得：遵守规则是为了更自由！

3.规则全靠言传身教地坚持。

你是不是能够为给孩子立规矩而长期奋战？

千寻有段时间，喜欢一言不合就大叫。不管在家还是在公共场合，只要不开心了就扯起嗓子开嚎。我建议她温和冷静地讲出自己的诉求，而不是动不动就大叫。为了让这个规则有效，我是身体力行啊，每次跟她说话，都不忘提醒自己语气平和一些，再平和一些。

不过很快我就遭到了一万点暴击，她没有如我所愿快速做出改变，而是照嚎不误。

好在本人高中就练长跑，意志力顽强。

她继续大叫，我也继续坚持我的“唐僧式叨叨”。每次她大叫，我就提醒：“千寻，请冷静地告诉妈妈你的需求。”

慢慢地，她大叫的次数还真变少了。

哈佛大学有个心理学博士，做了个名叫“知识诅咒”的实验。

让一个人按自己脑海中的歌曲敲打节奏，让其他人来猜。结果敲的人觉得自己已经敲得非常清楚了，很着急，觉得猜的人怎么就猜不到呢！猜的人则一直不明所以。

“知识诅咒”意思就是，敲的人和听的人因为拥有不同的知识储备，所以一方觉得理所当然的事，在另一方看来却并不清晰。

同样的道理，大人能轻松理解的规则，孩子理解起来却很难，需要反复练习。

这个过程可能比较长，你得做好长期奋战的准备。

现在，千寻“熊”的时候，我就会提醒自己：

我有给她制定规则吗？如果没有，我需要帮她认识规则。规则是大家都要遵守的吗？如果不是，我需要身体力行，从高高在上的规则制定者变为平等的共同遵守者。

我给她讲过为什么遵守规则吗？如果没有，我需要将规则带来的好处或后果一一道来。

若是这两点都做了，还是没效果。我就用杜克大学一项神经学研究结果来安慰自己：“幼儿对抽象知识来说就是个绝缘体，他们需要不断重复、充分练习。”

听起来好像前路漫漫遥不可及，但其实想想“给孩子指出一条明路，也是放自己一条生路”，就会冷静许多。

从“熊孩子”到自律的孩子本就不易。与其为孩子一点儿进展都没有而焦虑，不如掐指算一算，我们引导的次数是有一百次还是一千次了？如果没有，还是埋头继续吧。

前行路上，有一句话与亲共勉：育儿这事，道理不难懂，坚持才会赢。

“立规矩”的留白艺术

中国文化讲求“留白”，书画创作中会有意留下空白，让整个画面、章法更为协调精美。建筑也是，梁思成先生就说过：“建筑关键不是把空间填满，而是有空余空间，有了‘无’，空间才有了生命。”

一个朋友跟我抱怨：“一年级的女儿，写作业总出错。下班后我也想和她一起高高兴兴地相处，可一检查作业就上火。我说只要你每天作业不超过3个错误，能坚持一周，周末就带你滑雪去！一点儿用都没有，该错照样错！”

可是，对孩子来说，要做到几乎没有错误其实是困难的，时不时出错才是正常的。不寻找出错的背后原因，仅设置一个高高在上的规矩，即便有诱惑，孩子做不到还不是只能放弃。重要的是，当孩子有了达不到目标带来的挫败感，你再设规矩就难了，孩子会极力排斥和逃避。

与其如此，为什么我们不制定一些有留白的规矩？

比如，一周不超过7个错误，孩子比较容易做到。做到了，就会有成就感，就会乘胜追击，下一周，说不定就能做到不超过5个错误，再一周，或许就能做到不超过3个错误了。

给规矩一些留白，是一种教养的智慧。它用一段冗余给孩子以宽和，让孩子从中得到信心，获得继续坚持的勇气，也避免了我们潜意识中对孩子苛刻的高期许。

我给女儿做的通关小火车共7个项目，如果她每天按时完成能得到7个章，一周5天（不包括双休日）就应该是35个章。我没有设定为她得到35个章才能实现一个心愿，而是只要得到30个章就可以。我想，“立规矩”中的留白，是我们理应给孩子的一份宽和与信任。

其实，答案并不复杂，规矩无效不是因为“立规矩”本身有问题，而是制定规矩时没有充分考虑到孩子的特点。

孩子和成人不一样，在孩子的世界里，感受大于道理。这个特点决定了孩子在选择是否要执行规矩时，并不会像我们成人那样从理性和长远的角度去思考，而是倾向于遵从自己的感受。

我们能做的，不是一遍又一遍重复道理，抑或强势地制定一个必须完成的规矩；而是要改变自己的思考角度：如果我把蔬菜做得美味一些？如果我让规矩变成一个好玩的游戏？如果我给孩子一些获得信心的空间？

我们爱自己的孩子，但教育孩子不再仅仅是一份责任、一个必须完成的任务，我们既希望孩子能为成人生活做好准备，也希望呵护他们的天性，不忽视作为孩子当下的幸福体会。这就是我们要为孩子去做出改变的原因。

怎么说，孩子才肯听

现在的孩子一点儿都不省事，再也不像我们小时候那么听话，个性教育赋予了他们独立思想，爱的教育又助长了他们的勇气，很多事都不服。

抗争主要体现在两方面，一种是“不要”系列，你提的要求他都说不要：

“千寻，该洗澡睡觉了。”

“不要。”

“你就不能做完作业再玩吗？”

“不要。”

“今天学校要求穿校服哦。”

“不要，我要穿裙子。”

另一种是“无声”系列，比“不要”更气人，直接无视你的召唤，讲几十遍都是耳旁风：

“小朋友，请把你的玩具收拾好，你看看房间都乱成什么样子了！”

沉默。

“快点，再不出门就要迟到了。”

沉默，并一如既往地东摸摸西摸摸。

以上场景是不是很熟悉呢？

很多父母都会因为孩子的不听话、不配合产生沮丧感：“我已经努力了，为啥还是搞不定孩子？”

毫无疑问，这是90%以上家庭每天都要面对的问题。

孩子不可避免地激怒着父母，他们在一心一意满足自己需要的过程中，会不顾别人感受，在父母赶时间的时候拖后腿，在父母累的时候纠缠不休，把房间弄得乱七八糟……

重要的是——父母说的，他们都不听！

怎么说，孩子才肯听呢？

这背后，其实是个沟通界面的问题。良好的沟通界面，才是孩子愿意倾听的前提。亲子沟通的艺术，我自己也是不断地在学习实践中，接下来，就和大家分享两个非常实用的小技巧，希望对你改善亲子关系有所帮助。

1. 用“讲感受”代替“下命令”。

当孩子的一些行为给父母造成困扰时，我们往往习惯于用命令的沟通方式，比如：“你不能穿着鞋在房间里跑来跑去”“赶时间的时候你不要只顾着玩”。

命令的沟通方式，传递的信息是：我比你懂得多，想要告诉你应该怎么做。它暗含着对孩子的控制，孩子虽然不说，但他可以感受得到。

就好比老公跟老婆约好去一个地方，老公晚到了10分钟，老婆问：“你怎么这么晚才来？”老公听到这个问话，会下意识感觉紧张、不舒服。

因为这句话表面是在探究一个因果关系，实际上传递的信息是对老公的命令：“你不该迟到，你应该提前到。”

话语中一旦有了控制的味道，处于弱势的一方，很容易就能嗅出。

强势的一方，往往还没有意识到自己的沟通方式是“夹带私货”的，话语中夹带了权力和控制欲。

当孩子嗅出发号施令的味道，他们会产生抗拒心理，抵抗来自外界的控制，这就是大多数时候，孩子对父母的话置若罔闻的主要原因。

试想，如果一个朋友来你家做客，不小心穿着鞋走进房间，你肯定不会跟他讲：“马上把鞋脱掉，然后才能进我的房间！”

你更可能讲：“这话说出来很不好意思，但我希望房间能尽可能地保持干净，所以得麻烦你换一下鞋。”

你不是在命令对方，而是强调了自己的感受。你相信对方会给予恰当回应，能够体谅和尊重你的感受。

很奇怪对吧，我们会用更好的沟通方式对待朋友，却很少对自己的孩子也这么做。

你是不是陷入做父母的“责任感”里了呢？

预判孩子是需要被管教的，而我们应该担负起管教他们的责任来，不愿意相信孩子具有体谅父母感受的主动性。（这算是一个开放型问题吧，我们可以多想想，思考的过程应该会带来一些收获。）

最后给大家举个我自己实操的例子。早上出门前，千寻各种磨蹭，本来穿衣服就慢，穿好衣服后还要随手抓个玩具摆弄一会儿。眼看时间唰唰溜走，我内心无比火大，以前会下意识使用命令的句式：“早上时间本来就紧，你不要只顾着玩，动作快点儿！”

现在我会提醒自己，转个弯，从讲感受切入：“再晚就要迟到啦，就没有时间吃早点，想想你要一直饿着肚子熬到中午，妈妈好心疼啊。”

别小看一个小小的沟通界面优化，带来的效果却是十分明显。以往命令脱口而出，亲子关系就开始变紧张，最后结果往往是“两败俱伤”。

如今用“讲感受”代替“下命令”，至少避开了冲突。心平气和间，孩子的配合度自然提高，我焦虑气恼的时候也就越来越少。

2.“后果描述”代替“贬损信息”。

我们在斥责孩子做或不做某件事时，还习惯不自觉地给孩子贴标签。

“你想把我惹火吗？怎么会有你这么不省心的孩子！”

“叫你不要搞乱书桌，偏偏要在那儿玩，永远都是这样。”

“乖孩子才不会像你这样！”

这些语句被统称为贬损信息，它们会排斥孩子的性格，粉碎他的自尊，强化他的不足。

面对这种责备，孩子常常会做出非常激烈的反抗行为，他们会固执己见。因为，放弃那个烦扰父母的行为，就意味着要承认父母的责备和评价是正确的。

正确的沟通方式是避开贬损信息，尽量使用不带指责的后果描述。

比如，一个孩子把玩具弄得到处都是。

贬损信息是：“你怎么又把玩具弄到一地？从来都不知道整理！”

不带指责的后果描述是：“我看到你把玩具撒在地上到处都是，我会担心你走路时被绊倒。”

此处的关键是，**记住描述孩子行为可能造成的后果，而不是指责评价他。**

为什么“后果描述”更管用？

首先，它是对事不对人的，孩子只有感到被接纳，才不会通过反抗父母来赢得关注。

其次，很多孩子尤其是低龄孩子，有时是意识不到自己错在哪里的。

当我们描述事实可能造成的后果，其实是在帮他们找出问题，这样“熊孩子”才能明白，把玩具弄得到处都是不整理是不好的，会给别人给自己造成困扰。

如何才能避开下意识的愤怒，克制自己想要指责孩子的火气？

我总结出了一个很简单的方法，就是每次看到孩子的问题时，不要脱口而出“你……”而是尽量用“我”开头的句式。

试试看吧，几次后你就会察觉到神奇的变化！

第8章

财商教育：孩子受用终身的财富

挖出最适合孩子的第一桶金

我家闺女千寻深得我真传，也是个喜欢购物的小主，她常常搞不清楚自己有多少玩具，已经有的玩具，逛商场时看到也会一时兴起坚持要买，因为囤积太多，也不怎么珍惜玩具，摔打、丢弃是常见的事儿。

“出售闲置物品”之路

没有正确的消费观，就没有正确的储蓄观。都说孩子财商得从小培养，我们也跟风给千寻买了储蓄罐，美其名曰“Apple 基金”，她心情好时也会往里扔硬币，但冲动购物时就完全忘掉了储蓄的意义！

我：“买了这个，你的基金就破产了哦。”

千寻：“破产吧，破产吧，反正我要买这个！”

就是这么一对“购物狂”母女，如今不只学会了理性消费，还被双双评选为家里的年度理财小能手，最值得称道的是千寻的财商突飞猛进，远远超越了同龄小朋友。这一切，都要从一个App工具说起……

我要说的App工具是个闲置物品交易平台。

最早用它纯属偶然，我抱着一种好玩的心态，把孩子用不上又占地方的一个童车拍照，发布了上去，就在我几乎忘掉这件事时，竟有人拍下付款了。发完快递，我兴奋地跟孩子她爸叨叨：“当初花700多元买来的童车竟然卖了570元，关键是这个大玩意儿一清空，我们家的榻榻米顿时宽敞了好多啊……”

孩子她爸灵机一动：“我们何不用这个平台来培养咱闺女的财商？这不是现成的教材嘛！”

就这样，千寻的“出售闲置”之路开始了。

刚开始，为了建立她的兴趣，我们和她约定，她可以把自己不需要的玩具分享给别的弟弟妹妹，获得的报酬将计入“Apple基金”，可以用基金里的钱买到更多玩具。

为了给远方不知名的弟弟妹妹留下个好印象，这个自诩为大姐姐的人，十分认真地用抹布将准备出售的玩具擦拭干净。

接着，她需要自己摆放好物品，我们会帮忙拍照，让物品呈现出最真实的模样。然后，我们一起编辑广告词，要知道，好的广告词才能吸引更多人浏览我们的商品。

物品售出后，千寻和我们一起去发快递，郑重地把盒子交出，期待它飞往新的小主人身边，想象另一个小朋友会和她一样，爱上这个玩具。

收到报酬后，她小心翼翼放到自己的储蓄盒里，这可是她自己辛苦劳动所得，倍加珍惜。

慢慢地，这个过程变成了千寻的一种生活方式。

有一天，我们逛商场，橱窗里摆着她的最爱——苏菲亚公主，我以为她会闹着要买，没想到，她恋恋不舍地看了一会儿，掰着手指自言自语道：“之前卖了一个小公主，现在我还有一个芭比娃娃和一个爱洛公主，款式差不多，是‘不需要’类……”

我这才发现，这个简单的过程，这种生活方式真的已经让孩子改变了很多！她在其中所学到的，绝对超过了任何一本少儿财商教材！

区分“需要的”和“不需要的”

需要还是不需要，搞清楚了这个问题，建立理性的消费观就成功了大半。患“双十一后遗症”的大人大多都没搞清楚这个问题，或跟风或图便宜，“剁手”皆因不考虑是否需要，甚至压根就不知道到底什么是自己真正需要的。

孩子更搞不清楚这种问题，在他们大脑里，往往只有：我想要，我想要，我就是想要（占有欲是人的天性）。

然而，在出售二手物品的过程中，孩子首先要做到的就是区分。这个玩具是你还需要的吗？这条不合身的裤子你已经用不上了……在清理闲置物品时，孩子开始学习区分“需要的”和“不需要的”。

这个过程也让孩子掌握到自己拥有多少物品。你知道，老想买东西的心态往往出自匮乏感，就像很多妹子说的，“总觉得衣柜里少了一件衣服”。当你清楚地了解自己拥有多少时，匮乏感会降低，才能控制住自己冲动的购买欲。

我并不反对消费主义，拥有物品的欲望在某种程度上也是我们奋斗的动力，但如果我们完全陷入对占有欲的满足中，生活就会失衡。

从小建立的理性消费观，绝对是构成孩子财商的重要部分，它避免了走弯路后才痛苦的反省：“为什么‘拥有’无法带给我快乐，而我却停不下追逐的脚步！”

先理解物品价值，才能认真对待物品

商业最初源自物品的流转，从以物易物到用货币购买物品，当物品不再囤积，而是在流转中产生更多价值，商业也应运而生。

孩子通过参与闲置物品出售，建立了物品是可以流转并产生附加价值的概念，这不正是商业思维的萌芽么？最初，女儿对物品的认识只是占有，腻味后就破坏或丢弃。当她了解到物品可以分享给更多人并带来收益时，对待物品的态度明显有了改变。她开始珍惜自己所拥有的，非常认真地对待每一件物品。

我们出售闲置物品时会增添一个小环节，就是随包裹附带一张手写卡片，写上千寻口述的一句话，内容是这件物品曾带给了她什么。这就像一个和物品的告别仪式，也是和它的新主人的交接仪式。我想，对待物品的态度就如同对待自己的态度。当我们把物品扔到一边，对它们的无视是对物品的不尊重，投射到自己身上，就是对自己生活的不尊重。

尊重物品，理解物品的价值，这样的孩子长大后，不仅善于发掘物品价值，拥有物尽其用的商业思维，更重要的是他不会被物质牵绊，能够从简单生活中寻找到真实的幸福感。这不正是今天的我们最想得到却难以得到的东西吗？

其实，我写出来的收获仅是冰山一角，孩子在出售闲置物品中学到的东西远不止这两点。比如，她还懂得了：辛勤劳作可以换来报酬。要知道，出售二手物品并不是个轻松活儿，整理、拍照、编辑文字等，孩子需要坚持完成这个繁琐的过程；如何编辑出更吸引人的广告词也是个难题，我们一起琢磨，调动孩子去思考，我想，有了这个经验垫底，以后写作文应该会轻松些吧；如何对物品进行分类整理，这也是孩子建立条理性和逻辑思维的基础……

孩子的压岁钱："花"比"攒"更重要

有些小孩，已经对压岁钱的回收套路免疫。

千寻就是压岁钱不花掉就不舒服的那种小孩。每年躲在房间数完钱，就开始走来走去，满心想的都是："买点什么好呢？买点什么好呢？"

我也曾循循善诱："不如，买个能增值的产品？"

话还没说完，她就迅雷不及掩耳之势坐地上狂嚎："我不要增值，我明天就要去买滑板车，呜呜……"

我只能安慰自己要尊重科学。

花钱需要顺势而为

人类掌控心智的前额叶片到18岁才成熟，四五岁孩子的前额叶就跟一只成年猴子的差不多，你让猴子在眼前的芝麻和后面的西瓜里做选择，它肯定选芝麻。

我又何必非要跟前额叶过不去呢？还不如根据她的发育特点顺势而为吧。

没想到，这顺势而为打开了一片新天地。

顺势而为就是顺着孩子天性做文章："既然想花钱，就让她去花吧"！

这儿需要提前注明，顺势而为不是随便乱来，花钱之前我们做了规划，按照标准普尔家庭资产配置比例，准备了4个罐子——"存储""消费""投资”和“保险”，占比分别为40%、10%、30%和20%。花的钱从“消费”里支取，其余3个罐子里的钱暂时不动。

准备好了吗？接下来就开始我们的现象级财商教学之旅……

“货比三家”里的秘密

作为一个资深购物狂，千寻的购买对象是明确的，一辆种草已久的粉色滑板车。在玩具反斗城，千寻一看到自己心仪的滑板车就直接扑了过去，很土豪地说：“我们去买单吧！”

我说：“且慢……待我看看网上的价格，好像便宜很多哦。”

她半信半疑地看我在手机上搜索。

很快，我就在网上找到了同款，价格便宜了近200元。

千寻刚开始不接受现实，哇哇大叫表示无视200元的差距。

直到我将200元具体化，告诉她：“节约下来的200元，你可以再买一套新款蜡笔。”这时她才动了心，决定在网上买。

“妈妈，为什么网上更便宜呢？”

“你看，玩具反斗城的老板在商场里卖东西，要支付店铺租金。得把店里装饰得好看，才能吸引你们，又花掉一笔装修费。还有水电费，给你介绍商品的阿姨的工资，是不是很大一笔开支？”

“是啊。”

“这笔开支老板不想自己付，怎么办呢？就只能提高商品价格，把开支抵消掉。网上店铺不用支付租金、水电费、装修费、店员工资，省了一大笔，卖的商品就相应便宜一点儿。”

货比三家、成本与商品价格的关系，在实践中潜移默化地传递给了孩子。

对热爱购物的孩子来说，节约只是为了更好地消费。 不把省下的200元花掉，是没法愉快回家的。

尾价策略的秘密

“9”是个神奇的数字。

她专心挑蜡笔，我在一旁自言自语：“咦，千寻你有没发现，这些笔的价格好奇怪。你看，69.9、49.9、19.9……”

女儿好奇地看过去，发现还真是这样，脑袋里冒出了无数个“为什么”。

我：“在营销史上，‘9’可是一个很神奇的数字，它因为能产生特殊效应，被称为‘魔法价格’。”

听到“魔法”，千寻来了劲，一连问了三个“为什么有魔法”。

我：“它的魔力在于，让人看到它的一瞬间，就觉得打折了，很划算。比如，100和99，你觉得哪个更多？”

千寻：“当然是100！”

我：“对啦，一般大家都感觉100比99多很多，实际上它们只相差1元。卖东西的老板，定价时就用了这个小小的魔法，69.9元和70元比，大家感觉69.9元便宜很多，更容易下单哦。据说，有30%～65%的老板都会用到这个魔法，要不，我们再逛一遍？看看到底是不是真的。”

女儿好奇地同我一起，围着货架绕起了圈圈。

每找到一个“9”结尾的价格标签，就跟发现新大陆一样，兴奋地叫唤：“妈妈，妈妈，这儿又有一个‘9’！”

沉浸在寻找“魔法价格”世界里不可自拔的娃，轻松感受了一盘“尾数定价策略”。

除了“货比三家”“尾数定价策略”，我们还在买买买中学到了很多有趣的商业规律，如“为什么超市喜欢提供免费试用”以及丹·艾瑞里教授在他的畅销书《怪诞行为学》里提到的“诱饵广告”等。

花钱比存钱更重要

这一次顺势而为的尝试带给了我很多启发。

我发现，比起回收压岁钱，陪孩子花钱才是更有意义的过程。当然不是让孩子随便花钱，大家从我的案例中可以看到，花钱关键在于花的过程中，通过家长有意识地渗透，让孩子在亲身感受中学到东西。

可惜，现在仍有很多父母为了防止孩子乱花钱而致力于回收压岁钱。其实，不论存储还是购买增值产品，都是大人在不自觉地用自己的金钱观引导孩子。

对一个四五岁的孩子来说，他的大脑发育特点，决定了他很难热爱存钱，也不可能安心等待长达一年甚至几年后的增值。

而且，大家有没想过，钱如果只是静静躺在银行里，或者买一个看不见摸不着的理财产品，孩子又能从中学到什么呢？

要知道，财商中最重要的一块，不是存储，而是使用和驾驭。只有让孩子充分参与进来，他才有了运用金钱的机会。既然孩子对花钱感兴趣，我们为什么不因势利导，在购物过程中创造学习机会呢？

教育也遵循着同样的规律，当你不再否定或无视孩子在某个阶段的特征，而是善加利用这个特征，将会得到出乎意料的收获！

"免费试吃"营销：培养孩子的财商

带孩子逛超市，一路走过去，各种试吃品琳琅满目：切块的新鲜水果、刚上市的新奇糖果、装在小纸杯里并附送贴心小勺的新品酸奶……对三四岁的小朋友来说，是难以抵抗的诱惑，诱惑不只源自食物本身，更源自"可自行取用"的开放性。

每每看到那个小人儿，怀着莫名的热情站在试吃区，执着地用牙签戳食物，我的内心深处，就会冒出"要不要阻止她"的纠结。

和大多数妈妈一样，我不想让自己看起来像个放任孩子占小便宜的家长。同时，也有点担心试吃品的安全问题，孩子吃了会不会闹肚子？基于这两点，我想我应该立即把那个小人儿从试吃区给拽回来。

我观察了一下其他家长的处理方式，发现90%的家长都选择把孩子拽回来，即使无力拽回，至少也会呵斥几声："宝宝，如果我们不买，就不能老去吃，知道吗？老去拿试吃品，别人会觉得你很没有教养的……而且，吃多了小肚子会不舒服……"

但你也知道，孩子这种具有叛逆性的生物，越不让他们做的事，越想做。

从孩子们的表情看，他们显然不理解试吃和教养之间的关系，也体会不到吃坏肚子的危机感（反正也不是马上肚子疼），小眼神依然充满了对试吃品的渴望，不过是迫于爸爸妈妈的淫威收敛举止而已。

看着不明就里的小朋友，我脑袋里忍不住冒出个想法：孩子对试吃品的热情，多半只是出于好奇、好玩，毕竟难得有个社会产品对他们展示出和大人一般平等的自由权利。他们的初衷又不是占便宜，扯教养有点远，吃坏肚子的提醒也不见得有效。

让孩子明白“免费试吃”只是一种营销方式

其实，作为经济学出身的妈妈，我理解的“免费试吃”并不是什么道德试金石，它只是商家用来吸引顾客的诱饵，是一种营销方式。

在克里斯·安德森的著作《免费：商业的未来》里，记载了免费试用的历史。这种针对大众的推广手段，源自19世纪一个营销天才本杰明·巴比特。本杰明有很多发明，其中包括几种制造肥皂的方法，不过，真正让他大放异彩的是他创新的销售方法。

本杰明制造的肥皂在美国家喻户晓，主要得力于他成功的推广策略，其中就包括产品销售早期大范围免费发放试用品。当时，他最常用的广告词就是：“您能好好试用一下，我就心满意足了！”

后来，吉列公司将这种营销模式发扬光大，免费送剃须刀，而他们真正的盈利点却来自高利润的刀片业务。就和超市的试吃一样，试吃品的成本商家早已计算在内，因为试吃而提高的买单率才是真正的盈利点。

这些案例告诉我们，商家是多么希望消费者多试用他的产品啊。如果说试用是“占便宜”，估计全世界商人的初衷都是“快来占我的便宜吧”，大家要是都抱着“买，才试用”的心态，推广产品的商人不知该多郁闷。

“免费试吃”里有完整的财商观

为什么我们不把这个真相告诉孩子？

趁着孩子有热情，有主动性，又有现实环境做支撑，把“免费试吃”背后隐藏的经济学原理教给她，不是比讲教养更有效吗？

说做就做，某次和千寻一起逛超市，我便开始了有意识地提问："千寻，你说为什么卖东西的人要提供免费试吃？"

试吃了那么久，还没想过这个问题，小朋友当下一愣："为什么？"

我："因为大家尝过后，觉得不错就会买嘛，和没有试吃品的商品比起来，买单概率高很多啊。"

千寻："那要是觉得不好吃呢？"

我："觉得不好吃的人里面，还有些会因为不好意思而买单。"

小朋友表示不太理解"不好意思"（毕竟她很少不好意思），不过，依然对我引出的"试吃话题"产生了浓厚兴趣。

我尽力用她能听懂的通俗语言描述"试吃"背后的学问，比如："假如你是老板，想卖点玩具给其他小朋友，提供免费试玩服务就是个不错的选择。"

她若有所思地点头，忽然插了一句："妈妈，要试了才知道好不好。好才买，对吗？"

我当即表示了赞同，顺便夸奖了她这个问题提得很棒。

我讲了为什么商家愿意提供试吃，是想让她理解到试吃是个不错的营销手法，这是从"卖"的角度出发；而她的问题，是站在消费者的立场，从"买"的角度出发。

这"买""卖"结合起来，才算是完整的财商。孩子总有将自己"推销"给别人的时候，这时候他是"卖方"，营销技巧的学习，将有助拓宽他的思路。而且，当消费或投资时，他的角色是"买方"，这时候，"试过才买"的严谨会让他受益匪浅。

你瞧，一个简单的"免费试吃"，只要用心掰，就能延伸出这么多对孩子有价值的东西来。

那天，我和千寻在超市里，就"免费试吃"聊了好多。虽然，我不太确定4岁半的她到底明白了多少，但我能确定，我给她的，是比制止她试吃更有意义的东西。

最后，跟大家分享一个“试吃课程”的小成果。

千寻所在的幼儿园，每个班都有一小块专属的园地，她们在地里种上青椒、西红柿之类的蔬菜，待成熟时采摘了出售。

2019年圣诞节前夕，她们班种植的白菜大获丰收，老师让她们在学校附近摆摊贩卖。我发现，这位小朋友很有心机地将白菜分成了大束和小束，买大束送小束，这招吸引了不少顾客。没一会儿，她面前的大白菜就一扫而空！

巧妙利用孩子的“企图心”

带千寻逛街，她一眼看中了商店门口摆放的毛绒公仔，拽着我，非要我给她买。我瞟了一眼价签，一个身高不足10厘米的小公仔，竟然要280元。我劝千寻：“你不是已经有好多类似的公仔了吗？”

但千寻很坚决，死盯住公仔，毫不犹豫地说：“我就要买这个，我喜欢它！”

我：“可你不觉得它太贵了吗？”

她完全不为所动，只顾两眼放光地喊：“妈妈，我就要这个，就要这个嘛！”一副冲动购物狂的模样。

轻松得到的不容易珍惜

本想用性价比不高的理由拒绝她，忽然想起前段时间看了好几篇教育文章，都说面对这种状况时，家长一定得尊重孩子的需求，不要用成人的性价比观念往孩子身上套，这个不划算，那个质量不够好，这个家里太多，那个不好玩，孩子会感觉自己挑的东西，既幼稚又没价值。这样下去，以后孩子就算想要什么也不敢说了，会失去表达需求的勇气。

于是我动摇了，不过还是不忘友情提醒女儿：“得用你自己的零花钱支付哦！”

千寻欣然应允："好！你帮我付款，回家我还你！"

回家后，公仔就被她丢进了一堆毛绒玩具中，她显然已经忘了自己曾经那么渴望得到它，也不心疼自己的零花钱，反正这窟窿最终有爸爸妈妈补上。果然轻松得到的就不容易珍惜。

看着千寻从特别想要到轻松得到，最后又不闻不问的公仔，我不禁产生了疑问：鼓励孩子表达需求，尊重孩子的需求我也做到了，可看着孩子不珍惜的态度，就感觉在处理孩子提需求这个问题上，还缺了点什么，是什么呢？

暂时的"得不到"

这让我想起我童年的一件事。

小时候，我特喜欢赖床，我妈为我这毛病头疼了很久。有一天逛街，我看中一个漂亮发夹，鼓起勇气给我妈提要求，我妈灵机一动："你要能保证一个月不赖床，我就给你买！"

为了这个心心念念的发夹，我还真是改头换面，每天准时起床，从不哼唧一声。拿到发夹，我特别珍惜，好长时间都舍不得戴，藏在抽屉里，时不时拿出来瞧瞧。

我和女儿刚开始都是一样的状态：想得到。可"得到"后的态度，为啥差别那么大？仔细一想，不就是因为发夹是我付出了好多努力才终于得到的，相比而言，我女儿得到公仔就轻松多了。

有人说：如果能力不能实现需求，人会产生企图心，企图心能让人愿意努力克服各种困难，为实现需求去提高自己的能力。企图心就是因为暂时"得不到"而产生的强大动力！

小时候的我不就是因为暂时"得不到"，才产生了动力坚持不赖床吗？从这个角度来看，我妈显然把握住了我有了企图心的机会，引导我狠狠努力了一把。

如果，当初我女儿在表达买公仔的需求时，我尊重她的需求，却不代替她跨过能力和需求之间的距离，而是引导她的企图心转化为努力，就不会出现“得到便不再珍惜”的状况，孩子的各方面能力也能在她的努力过程中得到提高。

这样一来，在处理孩子提需求这个问题上，要是能把“引导孩子企图心”这一课补上，原本让家长头疼的问题就能变成让孩子成长的机会！

培养企图心，重在引导

当我开始有意识地把握住孩子提需求的机会，将她的“企图心”引导为努力时，看见了有趣的一幕：原本懒懒的孩子，开始主动思考、大开脑洞，想办法达成意愿。

比如，有一天在公园散步，廊桥上摆了不少地摊，出售一些孩子喜欢的小玩意。千寻看中了一个玩具羽毛球拍，售价15元。

我很遗憾地告诉她：“你的零花钱基金只剩10元了。不过，你可以想想别的办法啊，比如跟卖球拍的阿姨讲讲价？”

渴望得到球拍，有了企图心的千寻，觉得这是一个不错的建议，竟克服了与陌生人对话的紧张感，鼓足勇气，开始跟阿姨讲价。可惜，讲价没成功，阿姨坚持要15元才能出售。

逼得千寻脑洞大开，竟游说道：“阿姨，我给你唱两首歌吧，我唱歌可好听了！”

接着，她就端端正正站着，声情并茂地唱了两首儿歌。她认真的模样逗乐了阿姨，阿姨笑着说：“看在你这么可爱的份儿上，阿姨就不赚钱了，10元卖给你吧！”

回家后，千寻一直给婆婆吹嘘自己如何游说阿姨，最终成功购入羽毛球拍的事，在这个过程中，孩子不但学会了主动思考、大胆尝试，还收获了满满的自信心呢。

我想，尊重孩子需求是没错的，每个人都有权利表达自己的需求。**孩子的能力往往和需求之间存在一定距离，这时候，千万别代替孩子跨过这段距离，要抓住培养孩子企图心的好机会，让孩子在自我努力中成长。**

对孩子来说，理想显得大而远，有点空洞，企图心却能让他每天都拥有欢快的动力。最最重要的是，企图心是在追求结果的过程中情感的饱满表达：我看到了，我渴望，所以我要去努力。有企图心的孩子，自信是洋溢的，生命是精彩的！

一场游戏让孩子学会“赚钱之道”

有趣的桌游投资课

有一次，我陪千寻去上一个有趣的桌游投资课程。开课当天，我才知道所谓的投资课，就是玩“大富翁”游戏。

刚开始满心狐疑，心想大富翁游戏不就是买楼圈地么，还能掰出什么投资道理？而且，四五岁的孩子真的能通过一个游戏领会投资概念吗？

陪听结束，发现这小小游戏不简单，不仅涉及投资理念、投资保障，还包括现金流分配等多方面内容。

千寻是第一次玩大富翁游戏，游戏中生动的角色和有趣的内容很吸引小朋友，她很快就乐在了其中。

孩子在玩中亲身感受，老师再结合他们的感受，不失时机给出精妙的解读，原本晦涩的投资道理变得非常浅显易懂，的确称得上一堂很棒的投资课。

我观察了一下，千寻他们玩的是经典款“大富翁4”的联网版，1人1个平板电脑，4人为一组（平时在家玩也可选择1人单机版或两三个人对战）。

鉴于不是每个家长都熟悉这款游戏，我先简单描述一下它的基本玩法：大富翁，一种多人策略游戏。参赛者分得游戏金钱，凭掷骰子及交易策略，买地、建楼以赚取租金。“大富翁”英文原名“monopoly”，意为“垄断”，因为最后只有一个胜利者，其余均破产收场。

玩法介绍：

游戏里的钱以三种形式存在，一是现金，二是银行存款，三是房地产、股票等投资品。你可以投资，在商店购买道具，也可以存银行。

选定角色后，用掷骰子决定行进的步数，可随意在停留的地方买土地、盖房子。

角色进入对手土地，必须支付过路费给该土地地主。需支付过路费的多少根据土地级别和是否为连锁房屋进行判定。除了靠运气，善加利用卡片道具也是重要的策略之一。

当现金和储蓄之和小于零时，角色破产。剩余玩家继续游戏，唯一没破产的角色获得胜利。

接下来，就让我们跟着老师的进度，去感受一下这款游戏背后的“投资经”。

小朋友们选好角色，拿到了电脑自动分配的资金，激动得不行。摩拳擦掌就要投入战斗。这时，老师告诉大家：“游戏里可以买乐透，如果中了头奖，资金翻倍。”“以小博大”大概是人类的天性，想一夜暴富的小朋友，立即被吸引去买乐透了。

想赚钱还得按经济规则来，老老实实去投资，投资前先端正心态，一夜暴富的想法不可取，是孩子们从游戏里学到的第一个道理。

投资从最简单的运算开始。

首先是掷骰子，决定能走的步数。点击按钮“GO”时扔出骰子，以骰子显示的点数决定要走的步数。有时，会出现加4步或者减2步的提示。

从银行取钱或者投资建屋发生交易，进行金钱结算时，也都会用到加减法。有时还会遇到乘法，比如，运气不好的时候，经过对手地皮时，被要求支付3倍租金。（千寻还搞不定乘法，不过她吃了几次亏后，还是痛定思痛地记住了倍数概念）

也就是说，整个游戏中，孩子都在不断练习数字运算。

冬令营结束后，我们出门旅行了一趟。旅行途中我又陪千寻玩了很多次“大富翁”，我发现她的运算能力增长很快，10以内的加减法越来越熟练，都不用掰手指头了，算是游戏带来的最明显的收获吧！

任性的投资者，总是输在现金流危机上

游戏进行到中途，出现了一些有趣的状况。不同性格的小朋友，投资方式开始出现分歧。和千寻同组的两个小男孩是保守型，喜欢把钱存银行。千寻则刚好相反，她是典型的狂热扩张型。路过一空地皮，买！不管百货股还是科技股，买！商店里各种卡片道具，买！她秉承的理念就是，买啥都比囤银行好。我简直怀疑，这孩子是不是深谙通货膨胀的道理……

不过，她很快就栽在了自己的任性上。

游戏里有很多被狗咬、被对手陷害入狱、被外星人劫持、被迫入住旅馆等突发事件，而突发事件后，你就没法再利用你的投资产生收益。

于是，当股票狂跌，遭遇大穷神收税翻倍，自己又被外星人劫持后，她尝到了破产的滋味。

老师总结了一下，千寻小朋友的破产是因为现金流危机。

我们每个角色在游戏中就像一个企业，企业的目的是赚钱，不赚钱的企业和咸鱼有什么区别？肯定是投资获利比较重要。但如果企业都死了，还怎么赚钱呢？所以现金流也非常重要！

相信通过这次华丽丽的破产，千寻应该明白了，作为一个玩家、自己产业的主导者，光追求收益是不行的，还得控制风险。

我想，平日里，如果单纯跟小朋友讲什么是现金流危机，她肯定云里雾里。但在游戏中亲身体会，原本宏观的概念就变得非常接地气，真正转化成了孩子能吸收能消化的知识！

好运气客观存在，但千万别依赖它

最后盘点成绩时，个别小朋友表示很不服气："这个游戏不公平，哼，某某一直比我运气好，他遇到小财神盖屋加倍，我呢，被狗咬送进医院……"

老师没有否定孩子们关于运气的声讨，而是告诉他们："运气的确是客观存在的，不只游戏里投资要靠运气，现实生活中也有运气的成分。"

游戏里有个角色叫沙隆巴斯，他的口头禅就是："人生不如意十之八九。"运气这个东西，靠努力改变不了，但我们可以用正确的心态来面对捉摸不定的运气。

亲爱的孩子们，乐观生活，坚持努力，才是能改变运气的真谛。两千多年前，塞内卡就把这事说得很清楚了："所谓幸运就是当你准备好的时候机会来了。"

一堂课下来真是感触颇深啊。没想到，一款十多年前就认识的游戏，竟蕴藏了那么多寓教于乐的道理。

记得我们小时候，家长反对玩游戏，一个难以反驳的理由就是："你玩游戏能挣到钱吗？"

在今天的游戏课程结束时，老师强调地却是："游戏里的钱是虚拟的，但我们想通过这个游戏，让孩子感受到金钱不是真实的资产，最重要的资产是我们的头脑。"

有些游戏虽然不能直接赚钱，却足以让孩子从中获得对金钱最直观的认知，而有一天你会发现，这些认知才是最值钱的东西！

孩子喜欢竞争，尽力去赢有错吗

幼儿园小朋友的奖状特别多。跳舞唱歌有奖，连吃饭也有奖。我女儿就得过“吃饭棒棒奖”，奖状拿回家后那个得瑟啊：“婆婆！爷爷！你们看，这是我得的奖状哦！妈妈，你有没有得过奖状啊？”

自从得了这个奖，她在学校的吃饭速度就越来越快了，总是抢在同学前面第一个吃完，然后端着空碗到老师面前要奖状去。我觉得不对劲，这样下去，肠胃怎么受得了？就给她做思想工作，先把吃得快对身体有害的道理讲了一堆，再把不能和别人争要按自己节奏来的道理讲了一堆。最后，语重心长地问：“宝贝，现在你觉得身体健康重要还是拿奖状重要啊？”然而，女儿字正腔圆、义正词严地回答：“拿奖状重要！”

我忍不住思考：的确，对孩子来说，童年的首要任务并不是向外延展，而是向内积累，我们应该尽力引导孩子减少对外部得失的计较。可在实践中，遇到的阻力却不少，就像我给女儿讲完道理她却依然会义无反顾地选择拿奖状，就像我朋友想用一堆贴纸削弱儿子对奖励的在乎度却适得其反一样，对理解力有限却荣誉感爆棚的低龄段小朋友来说，“看淡得失”的价值观显然不那么容易贯彻，怎么看都有点儿不接地气。

不用非得教孩子“淡泊名利”

“物竞天择，适者生存”是达尔文在深入研究物种进化过程后得出的经典结论，说明了物种进化就是一个竞争和淘汰的过程。

长颈鹿的进化就是典型的竞争结果，长颈鹿的祖先其实并不都是长颈，还有很大部分是短颈，在食物充沛的时候，这两种长颈鹿都能生存下来，但是当青草缺乏时期，长颈的长颈鹿能够吃生长在高处的叶子，在竞争中成为赢家从而生存下来，而短颈的长颈鹿则因为够不到高处的树叶而饿死，这样渐渐地长颈鹿的颈就都是长的了。

还有狮子、豹子等很多生物也都是在竞争中得以进化，演变出更强大的能力。竞争可谓无处不在，并让生物具有了更强的生命力。

人也是一样，一开始就生活在各种各样的竞争中，竞争这个重要的活力因子，促进了整个人类社会生产力的发展。

低龄段孩子不过是将竞争这种天性发挥得更明显。

蒙特利尔大学丹尼尔·帕奎特（Daniel Paquette）教授等人制定了一份包含17个项目的学前儿童竞争性问卷量表，这份量表的研究结果表明3～6岁是儿童竞争性发展的一个关键期，在这个阶段，孩子的竞争意识日益强大，他们不断和他人参照、不断更改“参照体系”，不断用比较来评价别人和自己。

孩子的竞争意识显得赤裸裸，甚至有点“残酷”，我们可以看到，就连抱在手里的小婴儿看见自己喜欢的玩具，也会很自然地用尽全力与人争抢，再大一些的孩子，和其他孩子发生矛盾的起因90%都是源自竞争。

千寻学会爬就得益于竞争，她和爸爸一起比赛，为了得第一名她使劲地往前爬，很快就熟练掌握了爬行技能。在孩子的这个年龄段里，竞争是本能的，也是不可或缺的。

说这么多，我想我并不是要用它们来表明竞争是无比正确的，我们就是应该鼓励孩子竞争，而是想由此提出一个新的思考角度：或许，正是因为竞争是这个阶段孩子的天性，我们在贯彻“看淡得失”价值观时才那么艰难。我们何不顺应孩子的天性，巧妙运用竞争，让他们在竞争中得到更好的成长。

引导孩子改变对待竞争的态度

基于这个新的思考角度，我不再给千寻贯彻“看淡得失”观，而是在她乐于竞争、渴望得到荣誉时，顺着她的心意，引导她尽力而为。

千寻参加了一个儿童跳蚤市场的主题活动，就是让孩子们在一个固定地点摆摊卖东西，最后会评选出最佳小老板。换以前，我可能就是在家搜罗点孩子的书和旧玩具，随便做个广告牌也就差不多了，娱乐为主嘛，开心就好。可是，孩子并不这么看，她就是想得“最佳小老板”奖（这个阶段的孩子几乎都和我家姑娘一样，渴望成为焦点）。现在，我改变了方式，既然想得到，我们竭尽全力去得到！

我引导她一起分析摆摊的地点：一个市郊的公园。那么，人们在公园里散步时会想要买点儿什么呢？她也开动小脑筋开始思考。正值冬季，如果有一杯热乎乎香喷喷的奶茶或咖啡，再来一些搭配热饮的手作小饼干，相信大家都不会拒绝吧。接着，我们就按这个思路制订出了详细的摆摊计划，还用心做了广告牌。

这时候，我们的手冲咖啡、奶茶，还有精心烤制的小点心成了焦点，女儿忙得不亦乐乎，不用招呼，好多人都主动过来买。结果，毫无悬念地，女儿得到了“最佳小老板”奖，我看到满满的自信和成就感都快从她的脸上溢出来了。

我想，在这个过程中，女儿至少明白了：想得到没什么不好，只是如果你想得到，就得拼尽全力付出比别人更多的努力！

我想，就算最后，她没得到“最佳小老板”奖，我也不需要安慰她别在乎，好玩就行了。我会告诉她，下一次更努力，一定可以做得更好。

在电影《请叫我第一名》中有一句经典台词：“孩子们看世界的眼光会和大人们不一样，他们会说‘我要做什么’，而不是‘我不能做什么’。”初生牛犊不怕虎，孩子觉得自己可以做到，可以做得比别人更好，这样的信心多难得啊，因为难得，所以更值得我们去保护。

孩子，想要飞，就用心地去飞。

附录：千寻麻麻精选绘本推荐（50本）

0~3岁绘本书单

《米菲认知洞洞书》（共8册）

【荷兰】迪克·布鲁纳　著/绘　二十一世纪出版社

推荐理由：通过玩具书的形式帮幼儿进行基础认知，包括颜色识别、形状识别、大小判断、观察训练、想象力训练等，所涉及内容也都是幼儿日常熟悉和感兴趣的事物。

《噼里啪啦》系列（共7册）

【日】佐佐木洋子　著/绘　二十一世纪出版社

推荐理由：超级有趣的神奇立体书，孩子易辨认、好阅读，能看还能玩，不仅能加强幼儿的认知能力，还能帮助建立良好的行为习惯。

《是谁嗯嗯在我的头上》

【德】维尔纳霍尔茨瓦特　著，［德］沃尔夫·埃布鲁赫　绘　河北教育出版社

推荐理由：这是一本兼具趣味性和知识性的好书，书末还附上了一篇“动物的吃喝拉撒”的文章，说明食物与动物的消化和排泄的关系，让孩子从头笑到尾的同时，还收获了生物学常识。

《小金鱼逃走了》

【日】五味太郎　著/绘　新星出版社

推荐理由：这是一本0～3岁小朋友爱不释手的绘本，不但可以教孩子认

物品、认颜色、学数数，还能培养孩子的观察力和专注力。

《小熊宝宝》丛书（共15册）

【日】佐佐木洋子　著／绘　新世纪出版社

推荐理由：对孩子来说，这里面的每一个生活场景都那么亲切：吃饭、睡觉、洗澡、上厕所、刷牙、穿衣、问好、交友……从小熊宝宝身上，孩子可以找到自己的影子，非常有代入感。

《脱不下来啦》

【日】吉竹伸介　著／绘　甘肃少年儿童出版社

推荐理由：充满童趣和想象力，非常适合亲子共读。辛苦育儿的爸爸妈妈，会从这本书里再次发现自家孩子的可爱。

《打瞌睡的房子》

【美】奥黛丽·伍德　著，［美］唐·伍德　绘　明天出版社

推荐理由：故事用重复句式，描绘了一个又一个睡觉的角色，孩子就算不认识字，多读几遍后，看着图画也能讲出整本书的内容，是一本能给大人带来惊喜、给孩子带来温暖的晚安书。

《点点点》

【法】埃尔维·杜莱　著／绘　海豚出版社

推荐理由：内容设计特别精巧，孩子会在玩的过程中去感知红、黄、蓝三种颜色，还可以锻炼小朋友数数的能力。

《好饿的毛毛虫》

【美】艾瑞·卡尔　著／绘　明天出版社

推荐理由：非常经典的绘本，语言简洁精练又不失幽默感，画面用色大胆，毛毛虫吃的每一种食物都有小洞洞可以抠，能迅速抓住孩子的注意力，还能让孩子明白毛毛虫是怎么变成蝴蝶的。

《晚安，大猩猩》

【美】佩吉・拉特曼　著／绘　北京联合出版有限公司

推荐理由：凯迪克大奖得主佩吉・拉特曼的经典之作，故事内容天真有趣不复杂，很适合家长和孩子玩"角色扮演"游戏，孩子会乐得哈哈大笑，读完之后就真的可以说晚安了。

《你好，世界！幼儿科普小百科》（共8册）

【美】吉尔・麦克唐纳　著／绘　中信出版社

推荐理由：适合低幼孩子的科普入门书，精选八大主题，呈现自然生动、浅显易懂的科普知识，画面颜值高、设计感十足，对孩子来说是很好的美感熏陶。

《我爸爸》《我妈妈》（共2册）

【英】安东尼・布朗　著／绘　河北教育出版社

推荐理由：安东尼・布朗的超现实风格很迷人，两本书用丰富的色彩与构图还有精妙的比喻，把妈妈的温暖和爸爸的宽厚描述得惟妙惟肖，教会孩子观察的同时传递了浓浓的亲子情。

《我喜欢书》

【英】安东尼・布朗　著／绘　河北教育出版社

推荐理由：向孩子展示了一个丰富的、神奇的、有趣的书的世界。让他们知道，书里可以有好笑的事情，有童话、有儿歌、有恐龙、有怪物，有奇妙的宇宙……有一切他们想到和想不到的事情，以此激发孩子对阅读的好奇和渴望。

《鳄鱼怕怕，牙医怕怕》

【日】五味太郎　著／绘　明天出版社

推荐理由：这是一本帮助孩子链接生活经验的图书，借鳄鱼和牙医之间搞笑的对话巧妙呈现了儿童补牙的全过程，潜移默化中传递出“要好好刷牙”的教育意义。

《棉被山隧道》

【日】那须正干　著，【日】长野英子　绘　二十一世纪出版社

推荐理由：这是一本有魔性的书，对于晚上到时间还不肯睡觉的孩子，只要跟他说我们一起来搭棉被山隧道了，马上乖乖到床上。

《阿文的小毯子》

【美】凯文·亨克斯　著／绘　河北教育出版社

推荐理由：很多孩子都有一条爱不释手的小毯子，或是布偶、小汽车之类的小东西，不论去哪里都要随身带着，就像阿文和他的小毯子形影不离，大人可能觉得匪夷所思，孩子却能找到共鸣。

《猜猜我有多爱你》

【英】山姆·麦克布雷尼　著，【英】安妮塔·婕朗　绘　明天出版社

推荐理由：亲子共读书单上不可缺少的一本绘本，一大一小两只兔子的对话，让我们看到孩子与父母之间浓浓的爱意，告诉我们：爱，实在不是一件容易衡量的东西。

《要是你给老鼠吃饼干》系列（共9册）

【美】劳拉·努梅罗夫　著，【美】费利西娅·邦德　绘　接力出版社

推荐理由：通篇反复一种句型“要是……他会……”，极其简单却又极其迷人。就像多米诺骨牌每一块紧紧相挨一样，故事里的每一个环节都和前一个扣在一起，结束之处也是开始之处，孩子可以猜测下一个情节，既有期待又不出所料。

《小猫咪追月亮》

【美】凯文·汉克斯　著／绘　明天出版社

推荐理由：这本凯迪克金奖作品，有着幼儿图画书里少见的黑白风，通过大量留白和漫画式的格子图，完美演绎出小猫在故事里的紧张和松弛，灵动有趣。

《我的连衣裙》

【日】西卷茅子　著／绘　明天出版社

推荐理由：这是一本以三拍子节奏展开的图画书，虽然是无声的节拍，但随着翻页的动作，孩子能在心中感受到这种音乐般的旋律。

《蹦！》

【日】松冈达英　著／绘　二十一世纪出版社

推荐理由：书中不断重复“beng”这个孩子刚开始学话时常发出的音，能够吸引孩子的注意力，即便是婴儿，也能从中获得乐趣。

《第一次发现丛书：透视眼系列》（共12册）

【法】法国伽利玛少儿出版社　编　接力出版社

推荐理由：畅销30多年的法国国宝级幼儿科普胶片书，内容涵盖孩子熟悉的12种生活主题，逼真的写实画面和独具匠心的设计，让孩子亲眼见证、亲手探索、亲身体验发现的乐趣。

《我爱幼儿园》

【法】塞尔日·布洛克　著／绘　北京科学技术出版社

推荐理由：适合入园前给孩子看，通过一个邻家小孩子的故事，唤起同龄孩子们的心理共鸣，抚慰他们焦虑不安的内心，缓解初入幼儿园时的抵触情绪。

《憋不住，憋不住，快要憋不住了》

【日】土屋富士夫　著／绘　贵州人民出版社

推荐理由：日本绘本大师的精彩创意之作，超好玩的尿床故事，用幽默化解尴尬，用快乐代替紧张。童趣十足又包含成长体验，很容易引起孩子的共鸣。

《我不知道我是谁》

【英】乔恩·布莱克　著，【德】阿克塞尔·舍夫勒　绘　海豚出版社

推荐理由：幽默的幼儿自我认知绘本，借兔子达利B的故事，带孩子了解自己和他人。书中还有十多种可爱的森林动物相继登场，让孩子在好玩的故事中，认识它们的样貌和生活习性。

3~6 岁绘本书单

《这是苹果吗？也许是吧》系列（共 4 册）

【日】吉竹伸介　著 / 绘　甘肃少年儿童出版社

推荐理由：真的只是一个苹果吗？从质疑的那一刻起，想象力已经从书中喷涌而出，12 个主题、思维导图的学习方式以幽默的漫画呈现，带孩子一步步认识自己，发现自己的独特之处！

《我绝对绝对不吃番茄》

【英】罗伦·乔尔德　著 / 绘　接力出版社

推荐理由：英国凯特·格林纳威奖作品，用超乎寻常的想象游戏，极具魔力的引导式对话法，让孩子养成不挑食的好习惯。

《世界上最大的蛋糕》

【韩】安英恩　著，【韩】金成姬　绘　中信出版社

推荐理由：2015 年博洛尼亚国际儿童书展获奖作品，揭秘达·芬奇之所以是达·芬奇的真正秘密。做蛋糕是一次尝试，让孩子明白分工合作有多重要；做出世界上最大的蛋糕又是一次挑战，是对孩子的数学和思维能力的重塑；做出世界上最大的蛋糕是一次冒险，为孩子打开了想象力和创造力的翅膀。

《市场街最后一站》

【美】马特·德拉培尼亚　著，【美】克里斯蒂安·鲁滨逊　绘　中信出版社

推荐理由：首部“纽伯瑞金奖”“凯迪克银奖”双料大奖绘本，告诉家长到底什么是我们可以给予孩子最好的东西，财富会消失，地位会反复，从日常

生活中获得幸福的能力，才是人生最珍贵的。

《长颈鹿不会跳舞》

【英】吉尔斯·安德烈　著，【英】盖伊·帕克－里斯　绘　北京科学技术出版社

推荐理由：这本书告诉小朋友，就算有时候你不能像大家一样做某些事情，也没关系，你可以用自己的方法来做这些事情，你会做得跟大家一样好，甚至更好。这是一个非常适合用来鼓励孩子的故事。

《安野光雅“美丽的数学”》系列（共5册）

【日】安野光雅　著／绘　九州出版社

推荐理由：安野光雅用美丽的画面和有趣的故事，让孩子以简单、科学的方式亲近数学，爱上数学。更重要的是，它不是单纯地讲数学，还启发孩子从不同角度看待事物、发现问题和尝试解决问题的思考方式。

《三只小猪的真实故事》

【美】乔恩·谢斯卡　著，【美】史密斯　绘　河北教育出版社

推荐理由：“三只小猪”的故事很多的孩子和家长都耳熟能详，但这本以我们熟悉的题材创作出来的绘本，却另辟新意，从“当事人”大灰狼的视角，向人们解释事情“真实”的情况。题材新颖，别具匠心，是培养孩子批判性思维的好故事。

《亚历山大和发条老鼠》

【美】李欧·李奥尼　著／绘　南海出版公司

推荐理由：这部凯迪克大奖作品，讲述了一个关于友情的经典寓言，让孩子懂得上帝对每个人都是公平的，不要拿自己缺少的与别人拥有的比，这样的

攀比毫无意义，人只有做真实的自己，才能获得长久的幸福。

《妈妈的红沙发》

【美】薇拉·威廉斯　著／绘　河北教育出版社

推荐理由：本书透过主角小女孩的自述，娓娓诉说一个贫困家庭为梦想奋斗的生活点滴。故事的开头虽然是一场灾难，过程却展现出一种积极乐观的生活态度，结局更是充满了令人心安的温暖。

《第一次上街买东西》系列（共5册）

【日】筒井赖子　著，【日】林明子　绘　新星出版社

推荐理由：这是一套教会孩子独立与责任的成长系列书，第一次上街买东西，第一次因为在乎生病的妹妹，送出自己心爱的玩具，第一次寻找走丢的妹妹……亲切简单的故事，给了孩子迈出第一步的勇气。

《胆小鬼威利》

【英】安东尼·布朗　著／绘　二十一世纪出版社

推荐理由：看似短小的故事在作者笔下跌宕起伏，主人公威利的经历和体验能引起很多孩子的共鸣，孩子在喜爱上这只可爱的小猩猩的同时，也学会了如何面对别人的欺负，勇敢保护自己。

《菲菲生气了》

【美】莫莉·卞　著／绘　河北教育出版社

推荐理由：不需要太多文字，就把孩子从生气到情绪缓解平复的过程，用画面表达得淋漓尽致。帮助孩子在阅读过程中，学会如何控制和管理情绪。

《100 层的巴士》

【英】麦克·史密斯　著／绘　二十一世纪出版社

推荐理由：这是一本充满想象力的图画书，大拉页足足画了100层，每幅画都细节十足，足以让每个孩子都看得津津有味，最后孩子还可以根据自己的想象为这辆百层巴士的未知旅程编写一个结尾，培养观察力和创造力都很合适。

《盘中餐》

【中】于虹呈　著／绘　中国少年儿童出版社

推荐理由：用图文并茂的方式，讲述了世界文化遗产云南哈尼梯田传统水稻的种植过程，表现出人与自然相识、相谐的生存关系。让更多小朋友关注了解到哈尼梯田的价值，真正理解诗句“谁知盘中餐，粒粒皆辛苦”的含义。

《图书馆狮子》

【美】米歇尔·努森　著，【美】霍克斯　绘　河北少年儿童出版社

推荐理由：故事一开始就引人入胜，一头狮子走进了图书馆，奇特的情节很能吸引小读者的阅读兴趣。狮子的遭遇让小朋友深有同感，因为他们也是如此渴望亲近图书馆，却又担心违反规定。这本书能帮助学龄前的孩子理解规则，学会遵守规则，更好地融入小学生活。

《云朵面包》

【韩】白希那　著／绘　接力出版社

推荐理由：用极富诗意的方式讲述了一个关于家的温暖故事，它借用童话的神奇，巧妙打破惯常的视角，让大人和孩子在共读中重新品味平凡的生活，感受温馨的力量。

《你不知道的三个朋友》

【德】赫姆·海恩 著/绘 二十一世纪出版社

推荐理由：赫姆·海恩用充满哲思的德国式幽默，把原本严谨晦涩的科学问题以通俗易懂的方式呈现给孩子，帮助孩子了解自己的身体构造，是不可多得的生命教育绘本。

《法布尔昆虫记》（共10册）

【韩】高苏珊娜 著，【韩】金成荣 绘 北京科学技术出版社

推荐理由：法布尔先生是一位伟大的昆虫学家，他编著的《法布尔昆虫记》受到了“英国皇家学会”推荐，但对孩子来说，原书语言有点高深难懂，这套改编作品正好弥补了这一缺点。

《神奇校车·桥梁书版》（共20册）

【美】乔安娜·柯尔 著，【美】布鲁斯迪根 绘 贵州人民出版社

推荐理由：图文设计符合自主阅读期孩子的需求，可作为学龄前孩子由亲子阅读往自主阅读过渡时的桥梁书。孩子将在自主阅读中获取新的科学知识，大大提升他们阅读和学习的兴趣。

《古什纳小兔》（共3册）

【美】莫·威廉斯 著/绘 新星出版社

推荐理由：两度获得凯迪克大奖，借小主人公翠西心爱的玩具兔一次次失而复得的故事，以独特视角记录孩子成长的重要节点，鼓励孩子积极面对成长中的烦恼。

《蚯蚓的日记》

【美】朵琳·克罗宁 著，【美】哈利·布里斯 绘 明天出版社

推荐理由：令人捧腹的小蚯蚓日记，幽默诙谐的语言传达着有关不同生物的知识，科普的同时也培养了孩子乐观向上的态度以及多元思考的习惯。

《三十六个字》

【中】阿达　著／绘　连环画出版社

推荐理由：中国独有的象形字图画书，三十六个特别的字、三十六幅特别的画，带孩子体会汉字“以形表意”的奥秘，感受中国汉字之美。

《奇妙错误书》

【美】科琳娜·卢伊肯　著／绘　海豚出版社

推荐理由：2018 年博洛尼亚国际书展童书新作类特别奖获奖图书，用奇妙创意的图文告诉孩子，不要害怕犯错，错误也可以激发灵感，鼓励孩子迈过那些常规意义上的障碍。

《在教室里说错了没关系》

【日】莳田晋至　著，【日】长谷川知子　绘　青岛出版社

推荐理由：很多孩子都经历过，老师提问时，很想举手发言可又不敢举手的忐忑心情，这本书告诉孩子，教室就是让我们学习的地方，别害怕说错，别笑别人说错，尽管安心地举手，安心地表达吧。

《小威向前冲》

【美】尼古拉斯·艾伦　著／绘　贵州人民出版社

推荐理由：这是一本儿童性教育读本，用清新的插画和有趣的故事告诉孩子“我是从哪儿来的”，不只帮助大人解决了一个难以启齿的问题，更帮我们找到了一种用孩子的思维来回应孩子好奇心的方式。